FULL SEASON ACADEMY TRAINING PROGRAM

意大利足球青训教程

U9–U12

意甲教练指导
41节训练课共234个练习

[意]米尔科・马赞蒂尼
[意]西蒙尼・邦巴尔迪耶里 ◎著

陈丽江
熊前莉 ◎译

同济大学出版社・上海
TONGJI UNIVERSITY PRESS · SHANGHAI

著作权合同登记号　图字：09-2015-733号

本书中的所有训练图示均由 Soccer Tutor.com 战术管理软件生成。

敬告：尽管本书中所列举的技术动作精确性已经在实践中得到了验证，但任何按照本书训练所导致的受伤或身体受损，本书作者和出版社均不对此承担任何责任。

图书在版编目（CIP）数据

意大利足球青训教程. U9-U12 /（意）米尔科・马赞蒂尼（Mirko Mazzantini），（意）西蒙尼・邦巴尔迪耶里（Simone Bombardieri）著；陈丽江，熊前莉译. 上海：同济大学出版社，2025. 5. --（青少年足球训练经典教程 / 白莉莉，李纪霞主编）. -- ISBN 978-7-5765-1585-5

Ⅰ. G843.2

中国国家版本馆CIP数据核字第20250WR656号

青少年足球训练经典教程 / 白莉莉　李纪霞　**主编**

意大利足球青训教程（U9-U12）

[意]米尔科・马赞蒂尼　[意]西蒙尼・邦巴尔迪耶里　**著**

陈丽江　熊前莉　**译**

策划编辑　张睿　熊磊丽　　**责任编辑**　张睿　　**责任校对**　张德胜　　**封面设计**　任雪琦

出版发行　同济大学出版社　www.tongjipress.com.cn
（地址：上海市四平路1239号　邮编：200092　电话：021-65985622）
印　　刷　上海安枫印务有限公司
开　　本　889mm × 1194mm　1/16
印　　张　9.5
字　　数　304 000
版　　次　2025年5月第1版
印　　次　2025年5月第1次印刷
书　　号　ISBN 978-7-5765-1585-5
定　　价　79.00元

意甲足球教练员

Mirko Mazzantini
ACF Fiorentina
Academy Coach

佛罗伦萨青训学院教练员

米尔科·马赞蒂尼在恩波利执教长达10年，工作期间，他执教过的青年队涵盖了所有主要年龄段。2010年他接过了佛罗伦萨U14和U15青年队的教鞭。

在2010-11赛季，米尔科带领球队赢得了意大利U15青年A组冠军。

2011-12赛季的准备期期间，米尔科担任了佛罗伦萨预备队的助理教练员，与此同时，他还以球队U14青年队主教练的身份带领球队获得了此年龄段的意大利青年A组冠军和其他几个国际锦标赛的冠军。

2012-13赛季，米尔科担任佛罗伦萨U15青年队的主教练。

米尔科是“青年球员教练员”项目培养的有资质的教练员，也是欧足联认证的B级教练员。与此同时，他还是许多足球相关出版物、文章、书籍和数字化视频的作者。

Simone Bombardieri
Empoli FC
Academy Coach

恩波利青训学院教练员

西蒙尼·邦巴尔迪耶里在球员时代为恩波利效力过5年。从22岁退役之后，他便开始了在恩波利长达15年的教练员生涯。在这里他执教过U9–U14年龄段的青年队。

2011-12赛季，西蒙尼作为恩波利U14青年队的主教练带领球队杀入了耐克杯国际锦标赛的决赛，在伤停补时阶段，他们被同样来自意甲的国际米兰青年队绝杀，屈居亚军。这赛季的国内青年A组联赛，他们在同年龄段中名列第八。

2012-13赛季，西蒙尼任恩波利U15青年队的主教练。

西蒙尼也是“青年球员教练员”项目培养的有资质的教练员，同时也是欧足联认证的B级教练员。

Tommaso Tanini
ACF Fiorentina
Academy Coach

佛罗伦萨青训学院教练员

我们要特别感谢托马索·塔尼尼帮助出版了此书。

托马索曾经执教恩波利俱乐部达11年，他之后成为佛罗伦萨U15的体能教练员，他也是欧足联B级教练员。

系列教程主编

白莉莉
亚足联技术部官员

亚足联技术部官员
亚足联草根足球大使
亚足联职业级教练员
亚足联、中国足协培训讲师
前中国女足国家队队员
前上海足协技术部青训主管
同济大学行政管理专业学士
上海体育学院运动训练专业学士

李纪霞
同济大学讲师，博士

同济大学讲师，博士。研究方向为青少年足球发展理论与实践。主持参与省部级、厅局级科研项目10余项，出版专著、教材4本，发表学术论文10余篇。

中文版译者

陈丽江

上海体育大学外语系教授

上海体育大学教授，硕士生导师；中国修辞学会理事、中国话语研究会理事、中国学术英语学会理事。先后在英国兰卡斯特大学、美国纽约州立大学做博士后/高访学者。研究方向为外国语言学及应用语言学、翻译、国际（体育）传播，在《现代外语》《外语教学》《当代传播》《北京体育大学学报》等核心期刊上发表论文20余篇，出版专著、译著和教材7本，获国家社科基金、教育部人文社科等科研项目10余项。

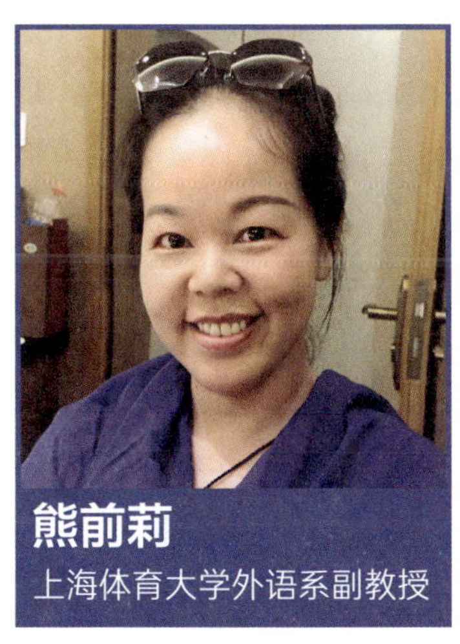

熊前莉

上海体育大学外语系副教授

上海体育大学副教授，上海外国语大学博士，英国拉夫堡大学高级访问学者。长期从事英语教学和体育英语翻译实践工作，参与多部体育（英语）教材的翻译和编写，在学术期刊发表论文20余篇。

目录

简介

本书中所提出的训练课以专业化原则为基础，即在每节训练课中专注于一个主要技术目标。

除了主要技术目标外，还制订了与之相关的协调性目标和次要技术目标。这种模式旨在为运动员的发展开发出完善且合理的课程。

所有课程的结构都是相同的，只有内容发生了改变。

技术训练单元中的训练课都包含以下内容：

热身

一项时长较短（10分钟）的有趣活动，释放当天的紧张与压力，让球员得到放松。

协调性训练

在这项活动中，我们致力于与主要技术目标相关的协调性能力。

技术训练

这项活动旨在教授和纠正主要的技术动作。

比赛场景

在这项活动中，主要的技术动作会被应用到球员在场上所面对的多种情况中。我们将从最简单的一对一开始，再进入到更加复杂的情况中。

主题比赛

主题比赛将会营造一种与实际比赛相似的情况，并引入一系列规则要求，球员必须遵守并达到课程训练目标。

自由比赛

这是一个没有具体规则的比赛时刻，在这一阶段中，我们可以引入一些简单和基本的集体战术概念。

这34节训练课被分为7个不同的技术训练单元（带球跑、传球、射门、头球、接球、颠球及掷界外球）。这些足够运作一个为期一年的U9-U12组别青训项目。

书中呈现的课程计划仅仅是教练员在这一年中可以运作的诸多课程组合可能中的一个示例。

我们想要给出的一个建议就是：与专业化原则一样，教练员也应该考虑到渐进性原则。先将球员置身于简单的情况中，而后渐进到将其置身于复杂的情况中，以此原则安排训练课程。这是我们在计划中所采用的原则，也是教练员在训练过程中应该牢记的一个原则。

显然，当教练员认为合适的时候，可以提高难度，例如：减少一个技术动作的完成时间，或者缩小球员可使用的空间。

除了具体的技术训练单元，还可以尝试运动协调能力的训练。这7节额外的训练课专注于提升球员的协调能力，这也是掌握技术的基础。

我们还设计了一个表格，以显示基础技术技能与协调能力之间的关系。

第1章是希奥尼博士关于年龄特点的社会心理方面的分析。对于一个教练员来说，了解这个年龄段所面临的问题是非常重要的，因为这些问题是在训练中会必然遭遇的。

米尔科·马赞蒂尼

西蒙尼·邦巴尔迪耶里

托马索·塔尼尼

CHAPTER 1

第1章　9–12岁球员的生理、社交和心理发展

发育成熟：身体成长

青春期是青少年生理与心理快速发展成熟的一个阶段，但又不仅限于此。与此同时，个人的社交期望在这一阶段也扮演着与以往不同的角色。

青春期何时开始？因为个体的差异，很难做出一个准确的回答。如果只需要给出一个大致范围，那么青春期大体是从8岁开始到14岁之间的这几年。更确切地说，如果排除过早或过晚发育者，青春期基本是从9岁开始到13岁之间的这几年。

通常女性进入青春期的时间早于男性，并且在第一个特征出现后的四五年间便会完成发育周期。

基于本书的性质，关注生理成熟如何影响一个人的个性发展是十分重要的。

青春期的快速生理变化，使得每个人拥有一致的内心感受变得十分困难；因此，每个人都需要用一定的时间将这些生理变化同缓慢发展的个性联系起来。

青春期对个性的首要影响便是大多数青少年并不会和其他同龄的孩子以同样的速度成长发育。有些觉得自己太高或太矮、太胖或太瘦，而有些则不喜欢自己的鼻子或双腿。

这是与生理发育相关的心理问题之一，许多青少年对自己的身体状况感到不满，而这会引发他们的焦虑情绪。

更甚，成年人并不了解这种心理问题对个人的重要性，而这会带来更多的冲突与不解。

另一方面与青春期相关的是身体发生的变化。这个阶段的孩子，头、手和脚是最早达到成年人大小的，但是胳膊和腿的发育相较于前面的主要身体部位要慢一些。这很好地解释了这个年龄段的孩子会丧失一些协调能力的问题，尤其是成长速度很快的孩子。

短时间内孩子个人会感觉自己的手和脚长得太大了，这也可能引发大人的讨论。

如上所述，当孩子身体加速成长时，他们会丧失一些协调能力（10岁是协调能力最好的时候），这方面的变化也可能会对他们的自尊心带来消极影响。

智力发育

在9–12岁的时候，以下的认知能力开始发展：

1.数量

个人解决智力问题更简单、快速、有效。

2.质量

他们过去定义和思考问题的思维过程有了相当的改进。

在这个时期，青少年的思维结构开始发展，他们逐渐开始用形式思维思考问题。

形式思维由逻辑思考能力构成，而不用根据经验思考或验证根据经验思考得出的结论。

这种能力使得青少年可以用无限性、可能性、机会等角度思考问题。

在这个阶段，形式思维的形成使得孩子开始发展用抽象思维思考的能力，去定义、假设、验证和思考会发生什么。

这些变化有巨大的意义，比如与父母的冲突会增多，因为青少年发现他们的行为与父母所教育的价值观不符，而在此之前父母一直都是他们的榜样。

与此同时，青少年对社会、政治和群体系统感到不满，这都要归因于关键的形式思维的发展。

这个阶段的形式思维形成于他们对个人的仔细分析、以自我为中心的思考与行为。因为青少年为自身考虑居多，他们也认为其他人总是议论他们的思想、感觉、行为和外在形象。

社交发展

为了适应青春期的成熟，独立于父母之外并建立起与同龄人的关系，青少年逐步成长为成年人。此外，他们还必须形成一种个人人生观和个人认同感。

激烈的冲突是青春期青少年同父母关系的特点。其中的很多问题源于权威和从属的维度。青少年不接受权威所拥有的原则，可以理性思考并希望了解父母做出任何决定的原因。

通过面对这些冲突和不断增长的危机，青少年获得他们的个人和社会身份。

与老师的关系也会发生变化。一项专业研究（皮特，1990年）揭露了师生关系的特点是紧张、焦虑和不满。青少年需要更多的认可，如果能够得到信任，被赋予应有的权利，他们将会更有动力地提高自己。

与同伴的关系同样是非常重要的。友谊会变得更加亲密、专一而持久。在这个阶段，友谊不仅是基于共同进行体育锻炼，还基于相互尊重。

在这样的友谊中保留有表达和分享生活经历或感受的空间。

加入某一个团体在这一时期是非常重要的。通过参与团体活动，青少年可以寻找对社会身份的需求。

参与团体活动可以让青少年了解自己和他人。他们可以在有保护的环境中学会处理与异性的交往，可以因为有共同兴趣而结识年长的朋友，并将他们视作自己的行为模范。

社交游戏变得重要。随着形式思维的发展，青少年能够进行规则更加复杂的游戏，比如卡牌游戏和国际象棋。而体育的功能在于令人享受、允许每个人参与，即使只是在象征的层面，就像在平常日子里遇到的问题与冲突一样。

运动对于个人，就像是面对社会挑战，对于塑造个人品格很重要。

CHAPTER 2

第2章　训练课方案

训练课概述

我们必须将训练单元分成多节训练课，这使我们能够一次专注于一个特定的训练目标，而我们发现这是对于这个年龄段的球员最有效的训练方式。

技术训练单元：

带球跑：5节训练课（30个练习）

传球：10节训练课（56个练习）

射门：9节训练课（54个练习）

头球：3节训练课（18个练习）

接球：5节训练课（30个练习）

颠球：1节训练课（6个练习）

掷界外球：1节训练课（6个练习）

在最后一章，我们还附加了7节协调能力训练课：

变化训练：5个练习

反应训练：6个练习

调整与转化训练：6个练习

时空感训练：6个练习

节奏训练：3个练习

运动机能组合训练：6个练习

平衡训练：2个练习

技术训练单元34节训练课均按照以下结构安排：

热身	10分钟
协调性训练	5-10分钟
技术训练	10-20分钟
比赛场景	15-20分钟
主题比赛	15-25分钟
自由比赛	20分钟

练习模式

训练课中的每个练习都由图示和辅助文字详细阐明：

- 训练目标
- 练习名称
- 练习简介
- 练习变化
- 教学要点

图例：

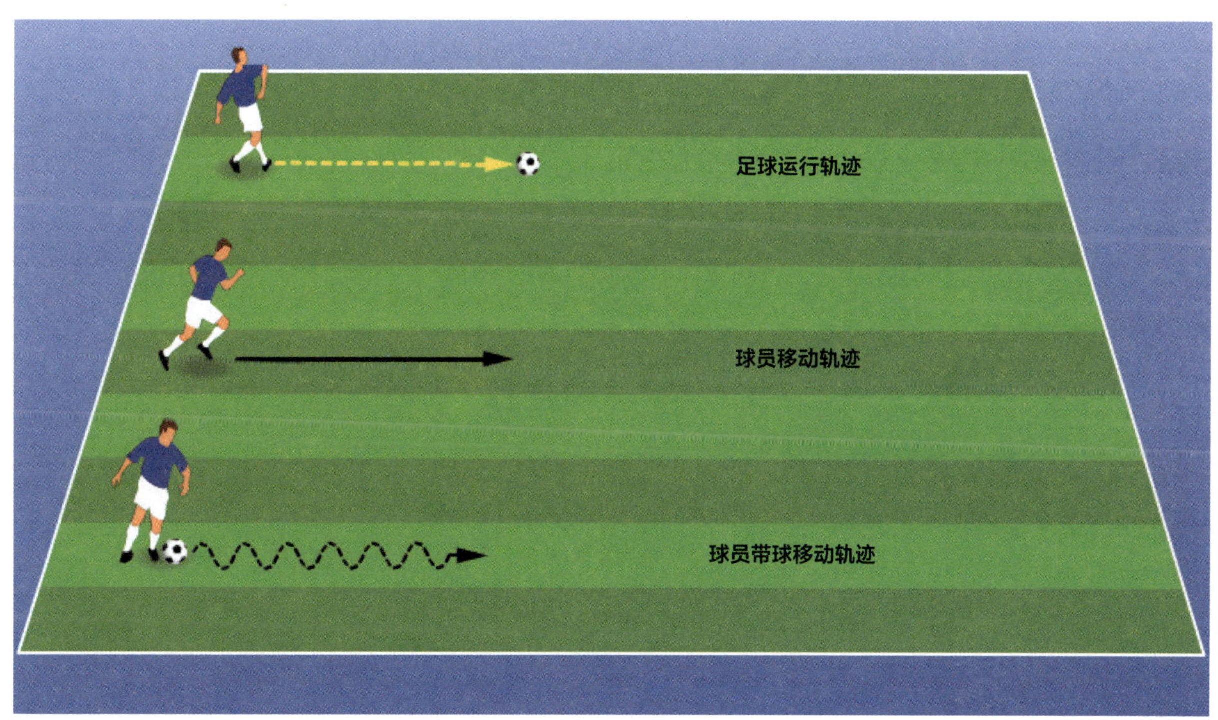

本书中的路线图都据此绘制
注：1码=0.914米

CHAPTER 3

第 3 章　带球跑训练单元

训练课 01

训练课 02

训练课 03

训练课 04

训练课 05

首要技术目标：带球跑

协调性训练目标：快速、调整、转化、节奏等各种运动机能

次要技术目标：传球与射门

战术目标：1对1

训练时长：85–100分钟

为了预防伤病我们建议以综合性运动机能练习来开始训练。

练习1　带球跑“四角”　10分钟

练习简介

1.在10码×10码的场地四角分别站立一名球员，另一名球员站在中心。根据教练员指令，每名球员带球跑动至另一个边角。

2.没有占据边角的那名球员不得分，并在下一轮开始时站在场地中央。

练习变化

1.仅用右脚带球；

2.仅用左脚带球；

3.仅用脚外侧带球。

教学要点

1.这是一个竞争性的练习，球员需要加快带球速度，但同时保持对球的良好控制；

2.在边角减速与停球十分重要，必要时教练员需要演示；

3.球员需要观察他人动作以决定带球跑向哪一个边角。

练习 2 控球与协调接力

5-10分钟

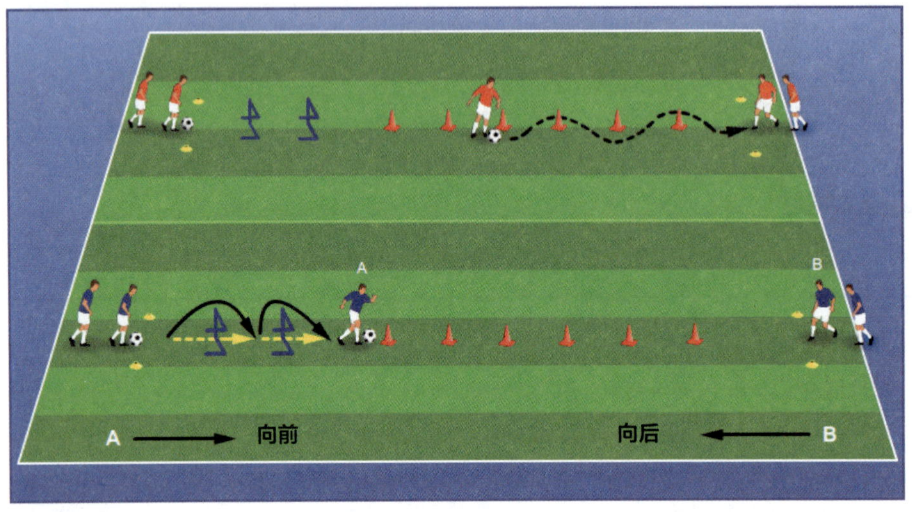

练习简介

1.第一名队员A传球穿过栏架，并跳过栏架，带球绕过所有标识桶并最终将球交给对面的队友B；

2.队员B反向做同样的练习（先绕过标识桶，再传球穿过栏架并跳过栏架）；

3.以比赛形式进行此项练习。

练习变化

1.仅用一只脚带球；

2.调整标识桶之间的距离。

教学要点

1.近身控球十分重要，球员应该尽可能多地接触球；

2.应有柔和的触球感觉。

练习 3 近身控球与精准射门

10-15分钟

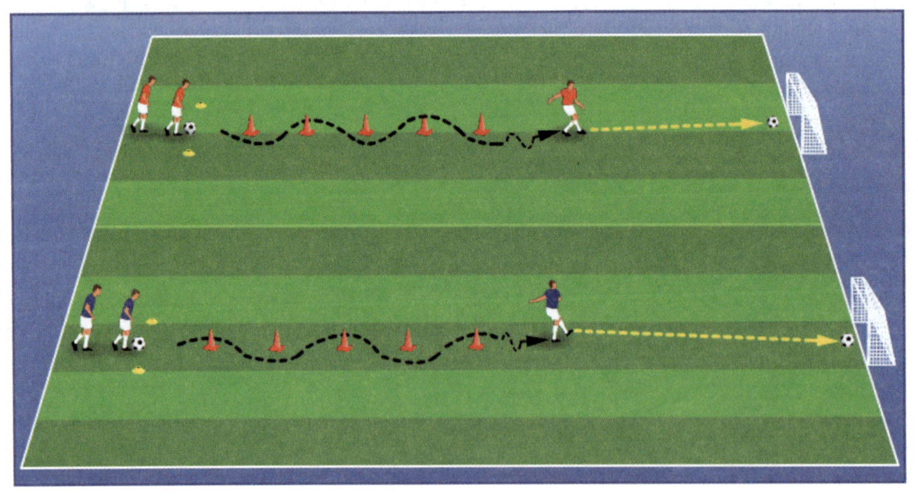

练习简介

1.球员带球绕过标识桶并将球射入小球门；

2.改变带球绕过标识桶的方向顺序及标识桶之间的距离；

3.改变球的种类或使用不同的带球跑技术进行练习。

练习变化

1.仅用一只脚带球；

2.仅用脚内侧或脚外侧带球。

教学要点

1.在带球绕过标识桶时，要柔和触球，保持对球的良好控制与盘带速度；

2.球员在变向时应微屈膝降低身体重心并将球控制在脚下。

练习4　协调与灵敏练习并结合1对1　15分钟

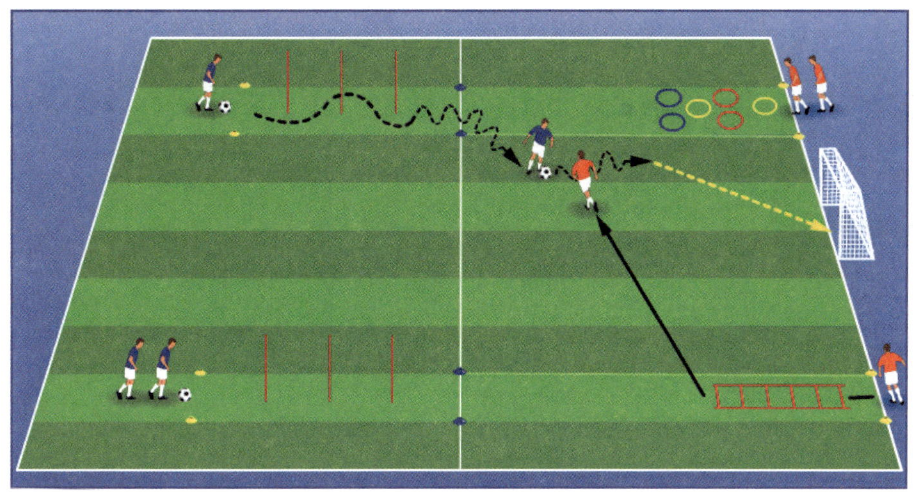

练习简介

1.蓝队队员带球过训练杆并尝试射门；
2.红队队员完成协调性练习并移动向前阻止蓝队队员射门；
3.红蓝双方交换攻守角色，进球多的球队胜利。

练习变化

1.加入守门员；
2.调整协调性练习的形式；
3.用双脚不同部位带球。

教学要点

1.球员应柔和地触球盘带过训练杆并始终将球控制在脚下；
2.鼓励球员在1对1中使用假动作以取胜。

练习5　3对3带球进目标区小场比赛　20分钟

练习简介

1.进行3对3比赛时，需带球进入目标区；
2.带球进入目标区并用脚底停球则得分有效；
3.三分钟内得分较多的球队获胜。

练习变化

每队在得分前需要先完成5脚传球。

教学要点

1.确保球员带球时运用双脚的各个部位；
2.球员需要快速移动以获得1对1的胜利并进入目标区得分。

练习6　自由小场比赛　20分钟

首要技术目标：带球跑与护球

协调性训练目标：快速、调整、转化、运动机能组合与平衡

次要技术目标：传球与射门

战术目标：1对1

训练时长：85–100分钟

为了预防伤病我们建议以综合性运动机能练习来开始训练。

练习1 热身“狩猎游戏”：带球和护球 10分钟

练习简介

1.在20码×20码的正方形场地内，两支球队的每名队员都控制一个球并自由盘带；

2.队员听候教练员指示，当他发出“开始”的指令时，队员需要在控制好自己球的前提下尝试将对方队员的球踢出场地；

3.率先将对方所有队员的球踢出场地的球队胜利。

练习变化

1.仅用一只脚带球；

2.仅用脚外侧带球。

教学要点

1.应用正确的身体姿势护球；

2.确保球员的身体在球与对手之间形成一道屏障。

练习 2　协调接力　5-10分钟

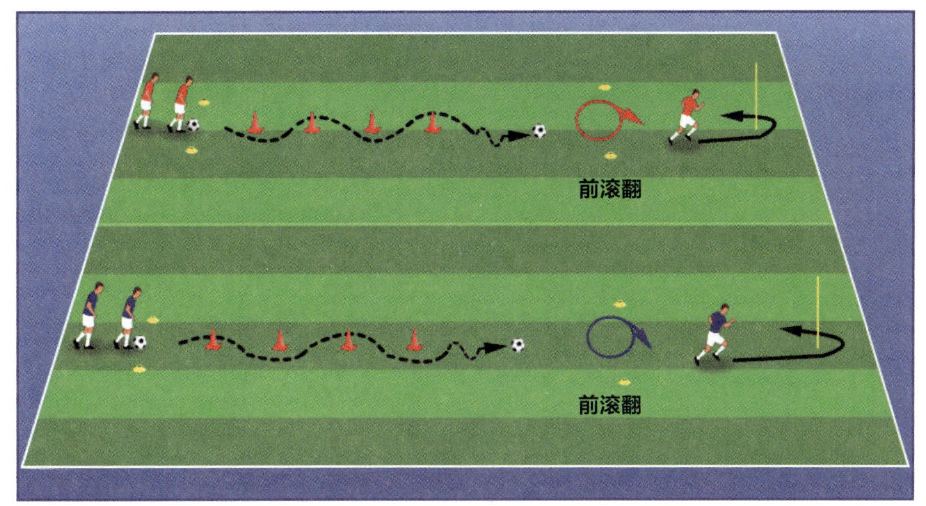

练习简介

队员需带球绕过标识桶，停球并前滚翻，然后绕过训练杆，再前滚翻，带球第二次绕训练杆回到起点后，第二名队员再出发。

练习变化

1.结合守门员；

2.调整协调性练习的形式；

3.用双脚不同部位带球。

教学要点

1.以比赛的形式进行此练习以加快速度；

2.带球绕过标识桶的流畅与准确性是节省时间并将球控制在脚下的关键。

练习 3　近身控球、移动与传球　15-20分钟

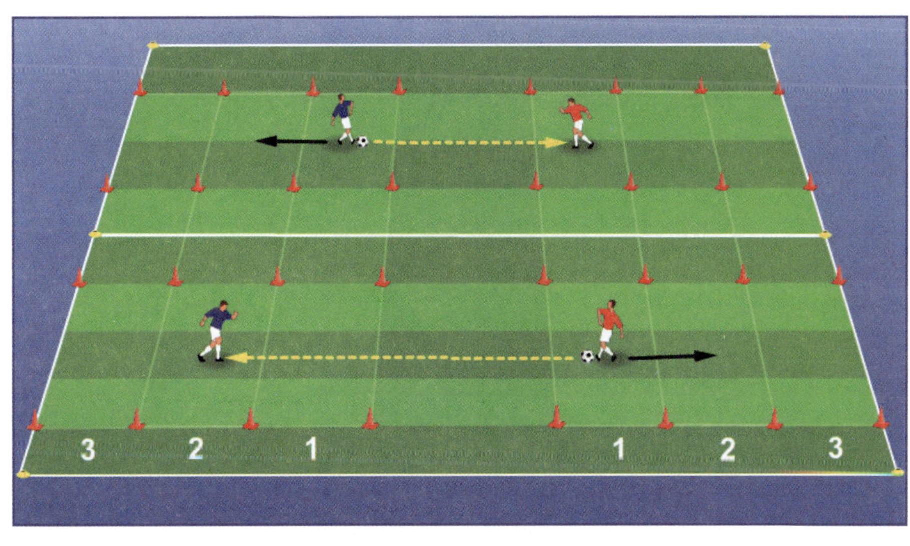

练习简介

1.两名队员之间距离相当于20码；

2.蓝队队员将球从1区传给另一名在1区的红队队员；

3.传球之后，蓝队队员移动至2区；

4.红队队员将球从1区传给已在2区的蓝队队员；

5.传球之后，红队队员随即移动至2区以接球；

6.以此类推，传球移动至3区。

练习变化

1.使球员在接球前进行触地跑或绕标识桶跑；

2.球员在传球前可先带球绕过标识桶，这样能同时训练带球能力。

练习 4　1对1追逐、带球与变向　15分钟

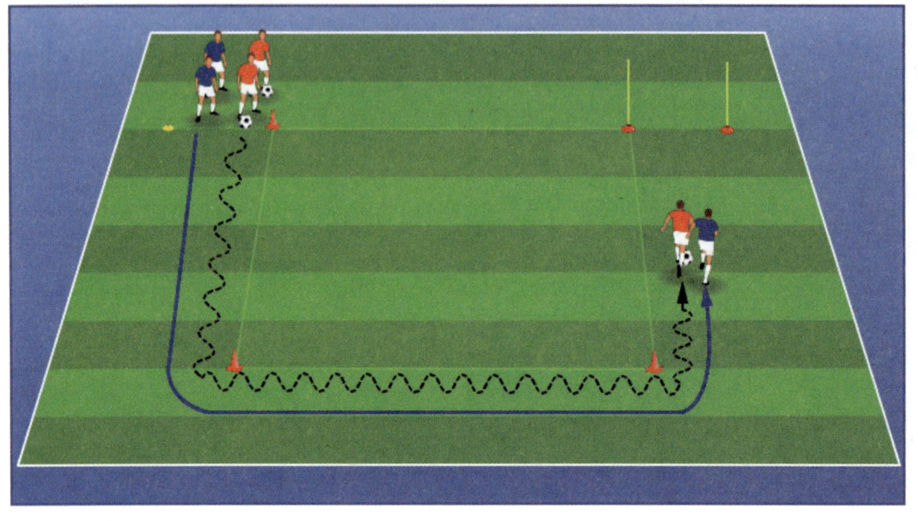

练习简介

1.红队队员需带球绕过标识桶并通过球门；

2.另外一名蓝队队员在无球情况下追逐红队带球队员并尝试阻止他通过球门。

练习变化

1.用脚外侧带球；

2.用脚内侧带球；

3.仅用一只脚带球。

教学要点

1.带球跑经过边角时，放慢速度并微屈膝以降低身体重心进行变向；

2.球员应用双脚的各个部位带球。

练习 5　“四门”4对4小场比赛　20–25分钟

练习简介

1.进行一场4对4比赛；

2.队员带球通过球门即算作一个进球。

练习变化

1.可以分多队进行锦标赛；

2.在球门线上将球停下算作得分；

3.限制最大触球数。

练习 6　自由小场比赛　20分钟

首要技术目标：盘带与变向

协调性训练目标：快速、调整、转化、运动机能组合与平衡

次要技术目标：传球与射门

战术目标：1对2

训练时长：85–100分钟

为了预防伤病我们建议以综合性运动机能练习来开始训练。

练习1 近身控球与转身射门 10分钟

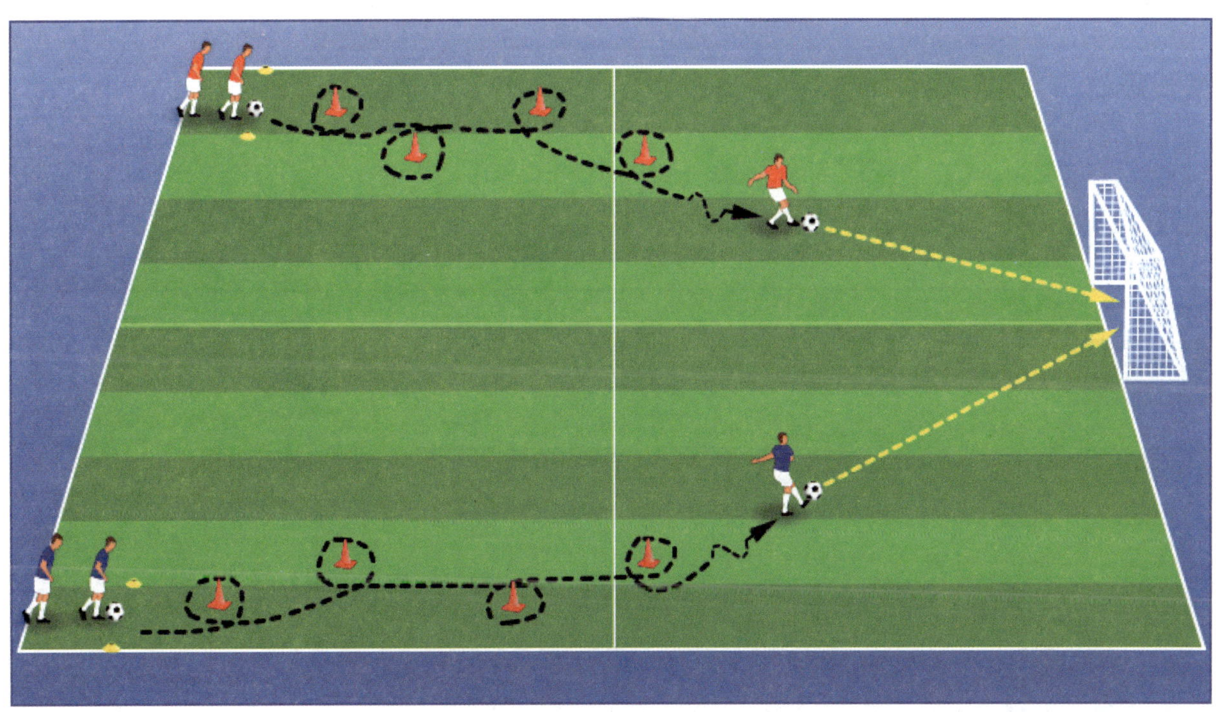

练习简介

1.两队之间进行比赛，每名队员需带球绕过标识桶之后射门。

2.两队同时开始，先取得进球的队员为本队赢得1分，接下来的两队队员需要依教练员指示或哨声同时开始。

练习变化

1.仅用一只脚带球；

2.仅用脚外侧带球。

教学要点

1.球员要柔和触球，用双脚各部位带球并紧贴标识桶；

2.射门时，球员应减速并踏准步点使支撑脚踏在球侧。

练习 2　1对1带球与变向　5–10分钟

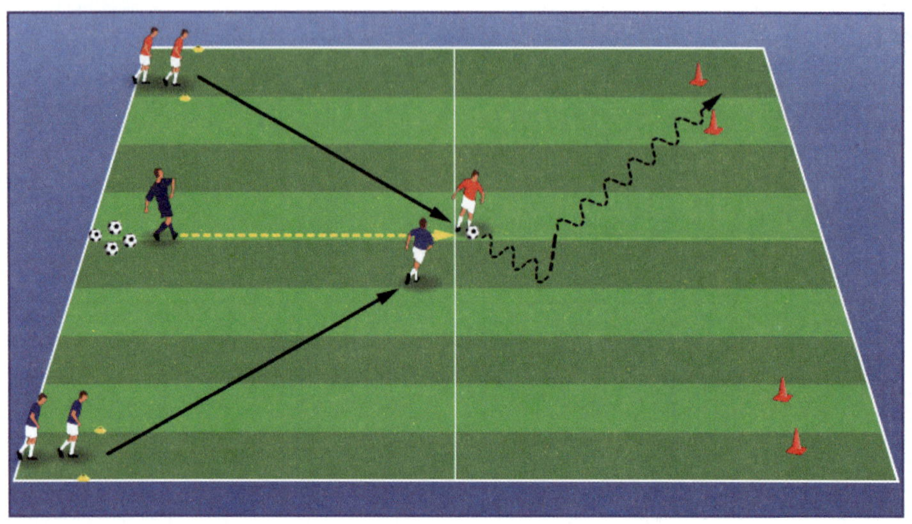

练习简介

1.教练员一旦将球传至场地中央，两队的队员需快速进行1对1的争抢并带球通过其中一个球门；

2.防守方获得球权时也可以同样的方式得分；

3.鼓励球员进行变向带球，因为有两个球门。

练习变化

改变开始位置（变化角度/距离）。

教学要点

在1对1进行变向时，球员应该放低肩膀（假动作）并微屈膝降低身体重心以快速变向。

练习 3　控球技术与变向　15–20分钟

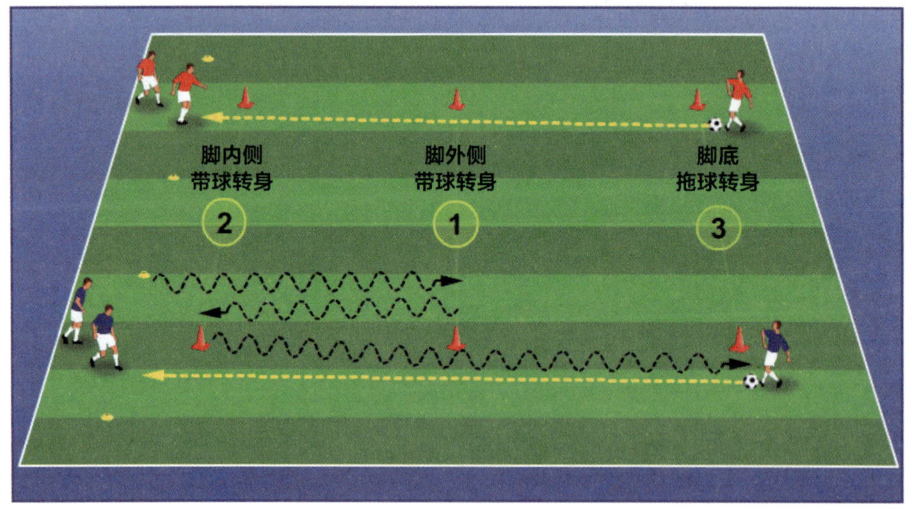

练习简介

1.第①阶段：以最快速度带球到达第二个标识桶所在位置，并用脚外侧带球转身回到第一个标识桶所在位置。

2.第②阶段：在原有基础上再次快速变向转身，这次用脚内侧带球转身并到达第三个标识桶所在位置。

3.第③阶段：在之前基础上再次快速转身，这次用脚底拖球转身并将球传回给对面的队员。下一名队员重复。

练习变化

1.变换方向；

2.以射门结束练习。

教学要点

1.球员需减速并微屈膝降低身体重心以变向转身；

2.在狭小空间带球时需将球紧控在脚下。

练习 4　带球协调性训练及1对2　15分钟

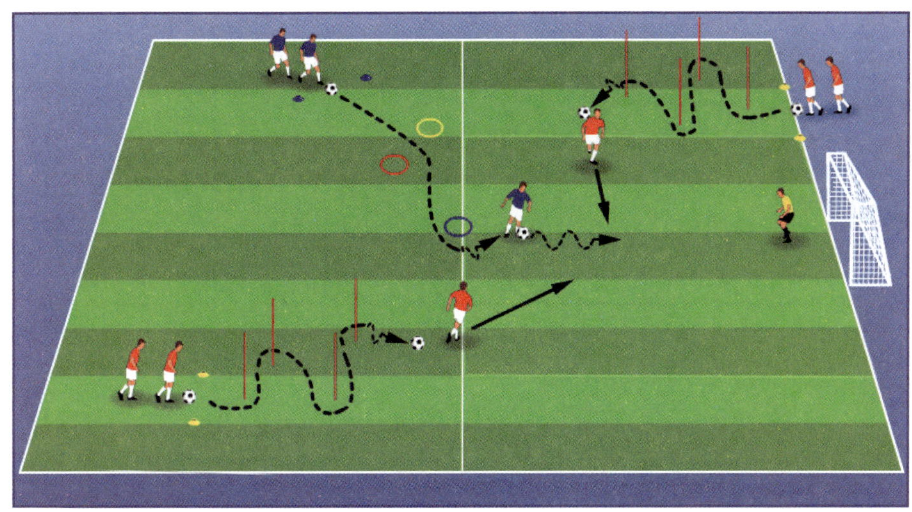

练习简介

1.两名红队队员带球绕过训练杆，将球留在原地并跑去防守；

2.蓝队队员带球绕过训练环，之后在1对2的情况下快速向球门方向带球并争取射门得分。

练习变化

1.用脚内 / 外侧带球；

2.攻守双方转换角色；

3.仅用一只脚带球。

教学要点

1.再一次强调，在带球绕过标识时要柔和地触球并将球紧控在脚下；

2.防守队员先进行消极防守然后进展至全力防守。

练习 5　4对4(+守门员)进攻配合与禁区附近的果断突破　20–25分钟

练习简介

1.蓝队队员在禁区外传球，寻找进入禁区的空隙，尝试攻入小禁区内并射门。

2.红队4名队员负责防守。

3.蓝红两队经常变换攻守角色。

练习变化

用手进行此练习，并凌空抽射得分。

教学要点

1.把握带球进入小禁区的时机需要良好的意识和果断的决定；

2.进攻队员接球需以假动作摆脱防守队员，创造空间进行接球。

练习 6　自由小场比赛　20分钟

首要技术目标：带球跑与有节奏的假动作

协调性训练目标：快速、调整、转化及反应

次要技术目标：变向与射门

战术目标：1对1

训练时长：85-100分钟

为了预防伤病我们建议以综合性运动机能练习来开始训练。

练习1 快速反应带球训练 10分钟

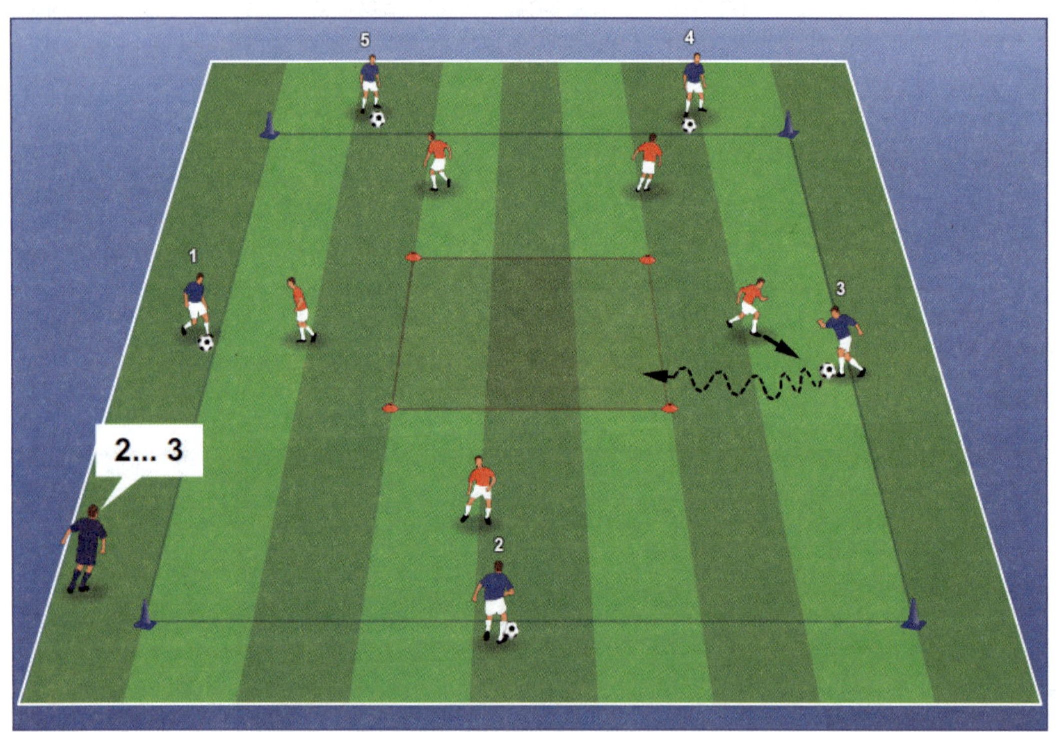

练习简介

1.在30码×30码的场地内，蓝队每名队员各持一球站在场外；

2.红队队员需保护场地中央7码×7码的区域；

3.根据教练员指令，每次一名蓝队队员尝试带球进入中央禁区（获得1分）；

4.练习中两队转换攻守角色，得分较多的球队获胜。

练习变化

1.用脚外侧带球；

2.仅用一只脚带球。

教学要点

1.在防守队员未站稳防守位置之前带球至场地中央需要有快速的反应；

2.使用假动作带球晃过防守队员。

练习 2　结合转身与射门的带球比赛　5–10分钟

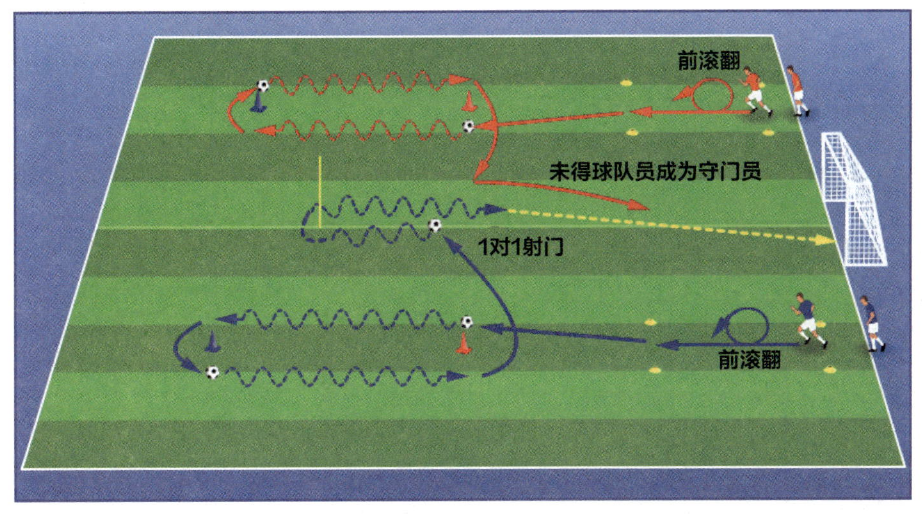

练习简介

1.在此次练习中，两队将进行比赛；

2.红蓝两队的队员需同时开始，首先做一个前滚翻，并向前跑至红色标识桶得球，带球绕过图中所示的蓝色标识桶，再带球返回至红色标识桶，用脚底停球；

3.然后两名队员跑向中间的球；

4.率先得到球的队员带球过训练杆并射门，另一名队员同时快速跑至球门区成为守门员。

练习变化

1.用脚外侧带球；

2.仅用一只脚带球。

教学要点

每个环节的转换需要快速的反应和节奏（翻滚→带球→转身→冲刺跑→1对1对抗→射门）。

练习 3　盘带中快速变向　15–20分钟

练习简介

1.球员被分为三组，每组有一名球员并同时开始；

2.球员按照教练员指示用脚内侧进行变向；

3.教练员给予最后指示后，球员快速带球穿越标识桶门。

练习变化

用脚外侧变向。

教学要点

1.球员要将球紧控在脚下以快速变向；

2.用双脚和双脚的各个部位练习不同的带球技巧和变向技巧。

练习 4 盘带球比赛 15分钟

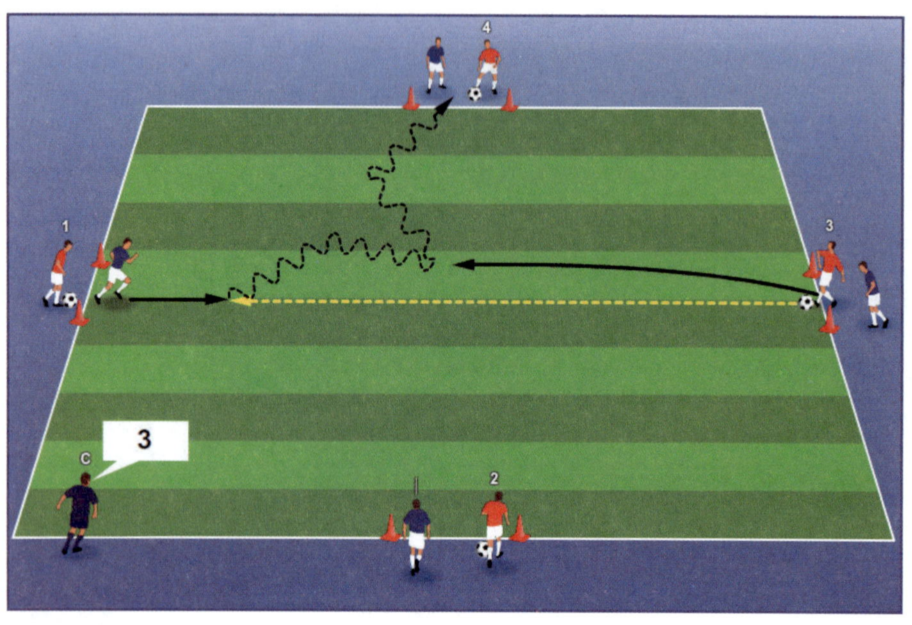

练习简介

1.队员等待教练员报出队员号码，红队3号队员将球传给一名蓝队队员后移动到蓝队队员面前成为防守队员；

2.接到球的蓝队队员尝试将球带入其他三个球门中的任意一个而不被防守队员抢到即算作得分。

练习变化

如能带球穿越对面的标识桶门则得分翻倍。

教学要点

1.该训练需要进行多次不同的变向与转身；

2.接球时定向触球；

3.第一脚触球即确定出球方向并带球快速穿过标识桶门之一。

练习 5 六个球门、5对5小场比赛 20–25分钟

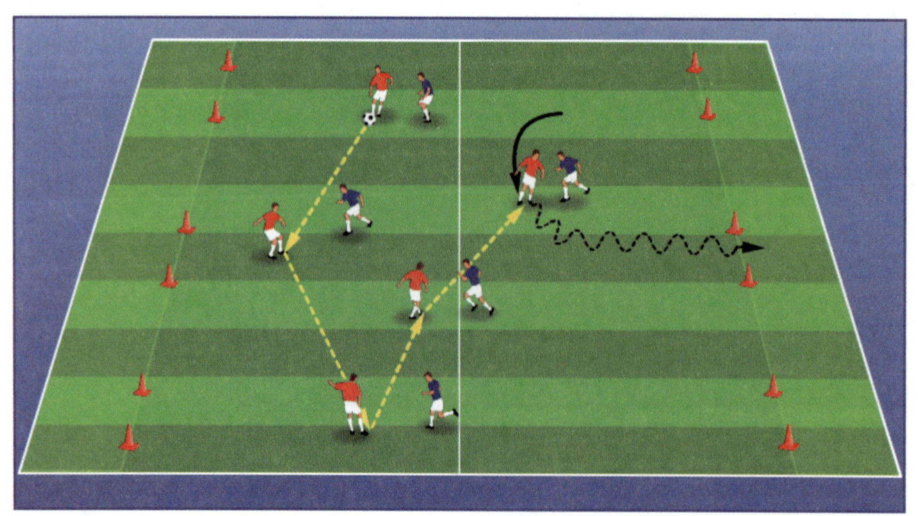

练习简介

1.进行一场5对5的自由比赛，场地为30码×30码，两边各有三个球门；

2.队员带球通过任意一个标识桶门即得分。

练习变化

1.多支球队进行轮转锦标赛；

2.在门线上用脚底将球停下才算得分；

3.限制触球次数。

练习 6 自由小场比赛 20分钟

首要技术目标：带球跑，有节奏的假动作/移动与传球

协调性训练目标：快速、调整、转化与反应

次要技术目标：变向与射门

战术目标：1对1

训练时长：85–100分钟

为了预防伤病我们建议以综合性运动机能练习来开始训练。

练习1 带球、假动作与传球 10分钟

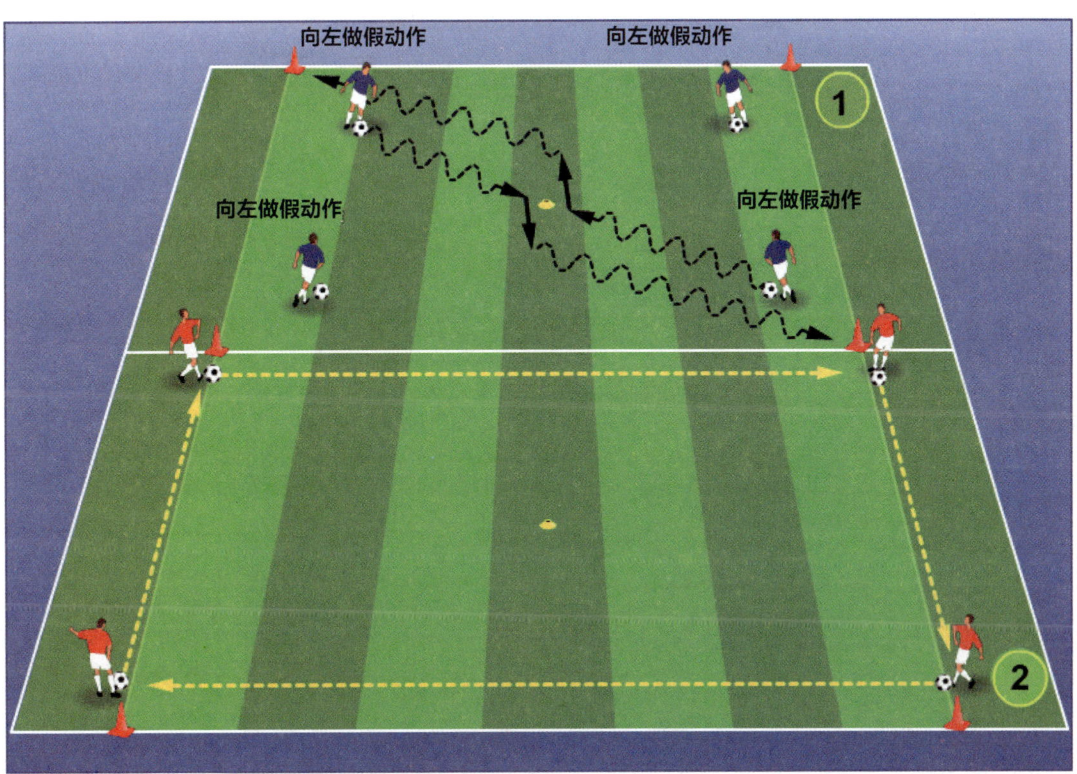

练习简介

1. 第①阶段：4名队员各站在球场的一角；对角线上相对的一组队员同时开始带球，当他们到达场地中央时向左做假动作并向右拨球避开场地中央的标识盘；之后，队员带球至相对的位置；另外两名队员也重复上述动作。

2.第②阶段：当4名队员都到达了相对的位置后，同时按顺时针方向传球，用一脚或两脚触球。

练习变化

1.使用由教练员决定的不同种类的假动作；

2.传球后追随传球路线（变换位置）。

教学要点

球员在做假动作时，要像在比赛中过掉防守队员那样，压低肩膀，微屈膝降低身体重心以快速变向。

练习 2　1对1先到先射　5–10分钟

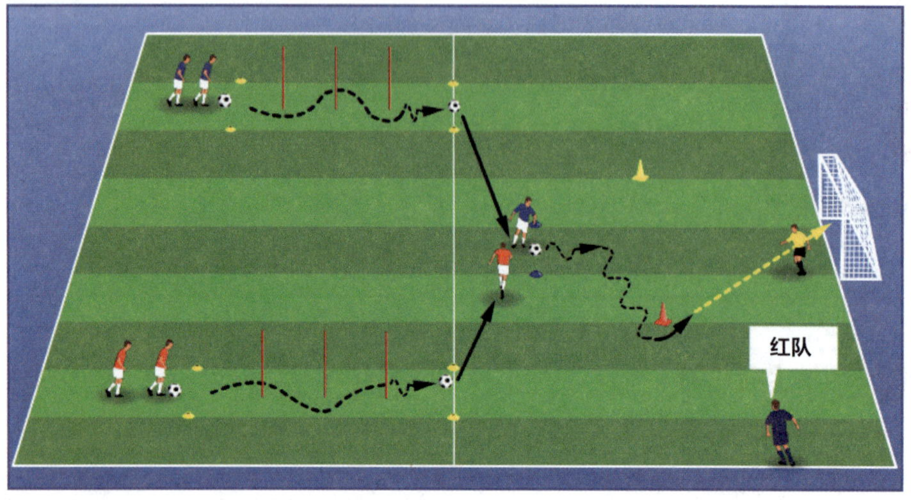

练习简介

1.两队各有一名队员带球绕训练杆，把球停在两标识盘之间；

2.然后快速跑向位于场地中央的球，先得到球的队员带球绕过标识桶并面对守门员射门；

3.另一名队员同时成为防守队员对持球队员实施防守，球射入球门算得1分；

4.以此类推，两队中得分较高的获胜。

练习变化

1.用手进行比赛；

2.仅用一只脚带球。

教学要点

尽管球员需要快速带球，但他们还是要注意在绕训练杆时柔和触球以保证过训练杆的流畅精确性。

练习 3　假动作、变向与精准射门　15–20分钟

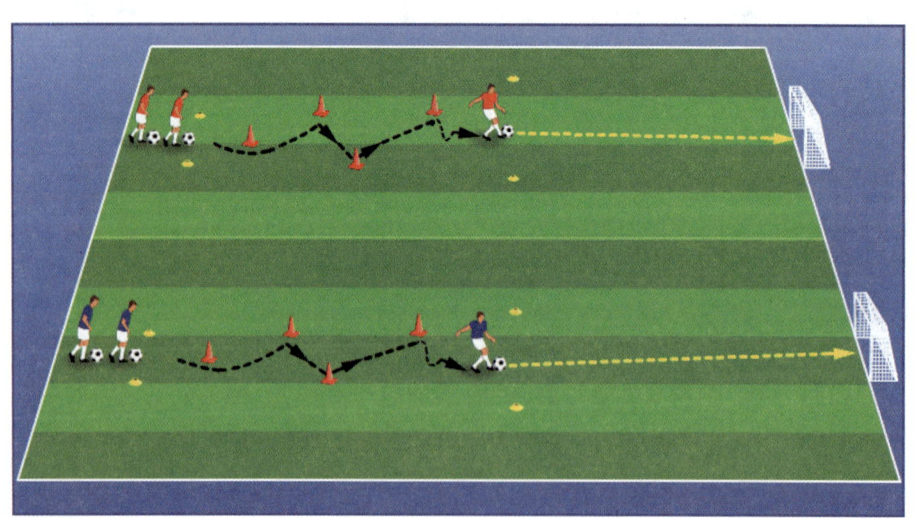

练习简介

1.球员分为两队进行带球比赛，做出多种假动作并将球射入小球门；

2.第二名队员在第一名队员开始射门后立即启动；

3.得分多的一方获胜。

练习变化

1.自由选择假动作；

2.教练员指示做特定的假动作，如单剪刀、双剪刀、急停转身和搓球过人等。

教学要点

1.假动作应有节奏，如同在比赛中有防守队员的情况下要快速摆脱对方那样；

2.当指示球员做特定的假动作时，教练员要根据需要给予正确演示。

练习 4　与防守队员1对1及与守门员1对1　15分钟

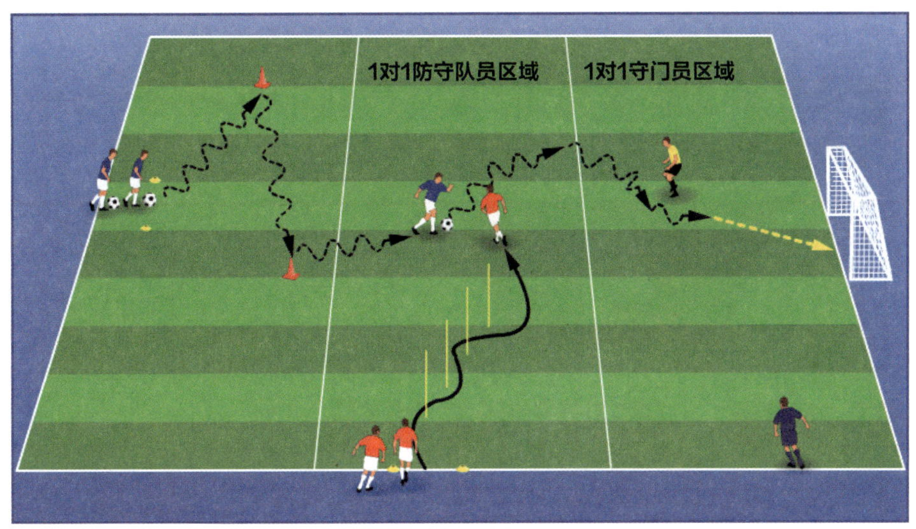

练习简介

1.红队队员绕训练杆无球跑动，同时蓝队队员在带球跑途中做假动作，形成1对1的局面；

2.如果过了防守队员，蓝队队员需过掉守门员后得分；

3.如果红队队员抢下球，则由其进行与守门员的1对1较量，并尝试得分；

4.两队应在练习中转换角色，进球较多的球队获得胜利。

练习变化

1.如果球员完成教练员指定的假动作后进球，得分翻倍；

2.红队队员蹦跳绕过训练杆。

教学要点

持球队员需要变化速度或方向以尽快与守门员进行1对1较量并射门。

练习 5　5对5“英式橄榄球规则”小场比赛　20–25分钟

练习简介

1.在30码×30码的场地内进行5对5比赛；

2.目标是带球过终线得分；

3.借鉴橄榄球规则，球员不能向前传球。

练习变化

1.允许一次向前传球；

2.假动作后带球过终线得分翻倍。

练习 6　自由小场比赛　20分钟

CHAPTER 4

第 4 章　传球训练单元

首要技术目标：低平球

协调性训练目标：快速、调整、转化与平衡感

次要技术目标：接球与射门

战术目标：创造空当、跑位与利用场地宽度

训练时长：85–100分钟

为了预防伤病我们建议以综合性运动机能练习来开始训练。

练习1 热身：双人默契传球 10分钟

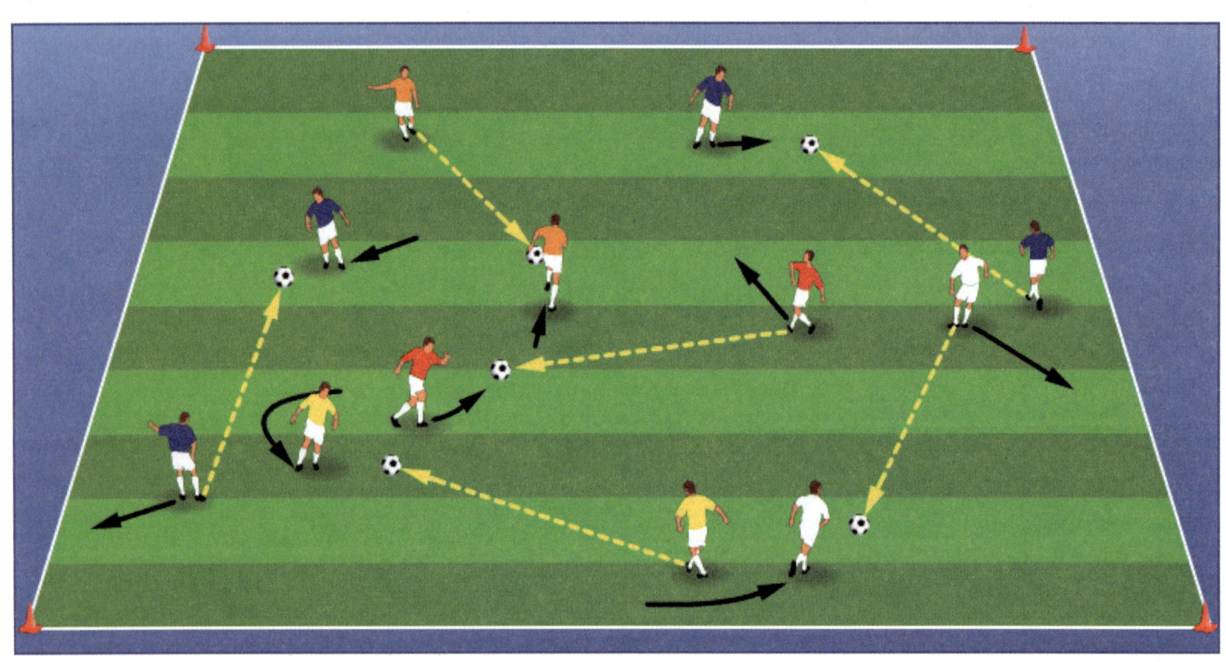

练习简介

1.球员两两分队并尝试在规定时间内完成尽可能多的传球；
2.他们需避开其他队并展现出在混乱局面中的良好传球能力；
3.完成传球次数最多的那队胜利。

练习变化

1.用脚内侧传半空球；
2.用脚背传半空球；
3.头球传递；
4.用胸部停球并用脚内侧传半空球。

教学要点

1.传球的精度与力度及队员之间良好的沟通都是进行本练习的关键要素；
2.队员要能够抬头观察，也要有良好的意识以避免碰撞，还要能成功地把球传给队友；
3.控制方向上的第一脚触球很重要，球要紧密地控制住，特别是胸部停球的情况。

练习 2 跳跃传球、接球、带球与轮转跑动 5-10分钟

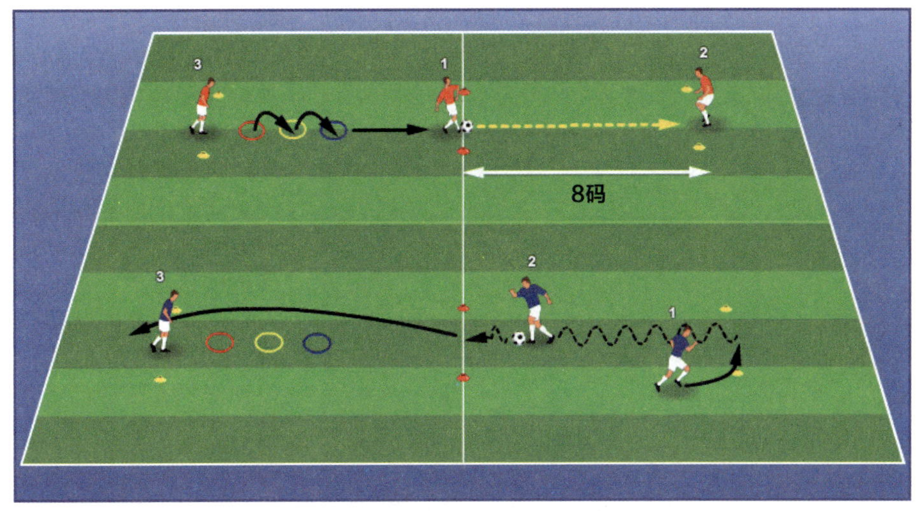

练习简介

1.队员1左脚单脚跳过训练环，然后右脚传球给队员2；

2.队员2带球至标识盘处把球踩停，再跑至队员3等待开始练习的位置，同时队员1跑至队员2原来的位置等待；

3.队员3接着进行以上练习。

练习变化

用垫子替换训练环并让球员前滚翻。

教学要点

1.传球应有合适的力度使接球队员舒服接球；

2.接球时，第一脚触球应将球推出以快速向前带球。

练习 3 双人精准传球 15-20分钟

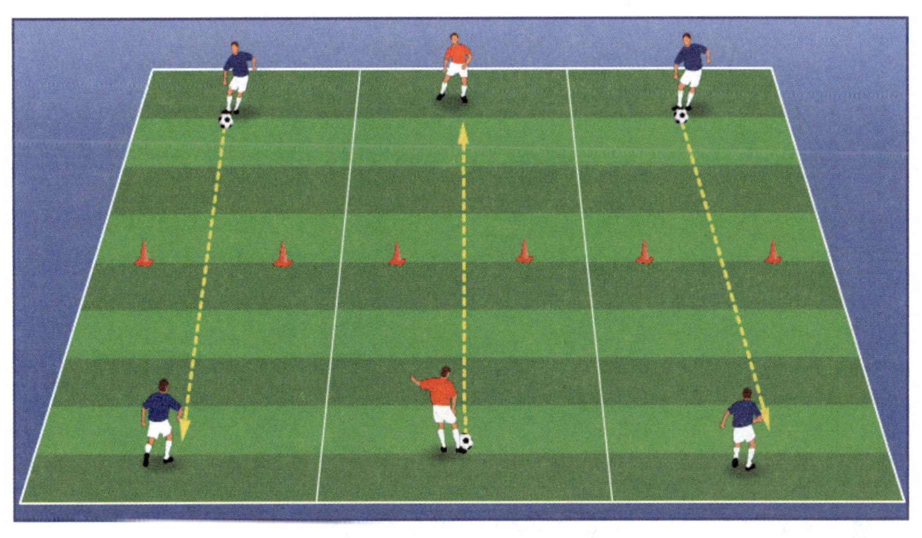

练习简介

1.球员将球在标识桶间进行两两传递；

2.教练员指挥改变脚的不同部位来传球：脚内侧、脚背、脚外侧。

练习变化

1.用脚内侧传空中球；

2.传半高球。

教学要点

1.传球的精度与力度；

2.在这个简单的练习中，球员需要能准确地用某只脚的内侧或外侧。

练习 4　背对球门2对1射门　20分钟

练习简介

1.橙队队员用脚内侧将球传至场地中央，紧接着跑位向前；

2.其他队员背对橙队队员，当他们听到传球声时，跑向球并尝试将球传给橙队队员；

3.最先抢到球的队员与橙队队员配合进攻守门员把守的大门，另一名队员进行防守；

4.若防守队员得球，他可将球射入两个门中的任意一个得分。

练习变化

1.橙队队员传空中球至场地中央；

2.引入越位规则。

练习 5　小场比赛中的控球与快速打法　20–25分钟

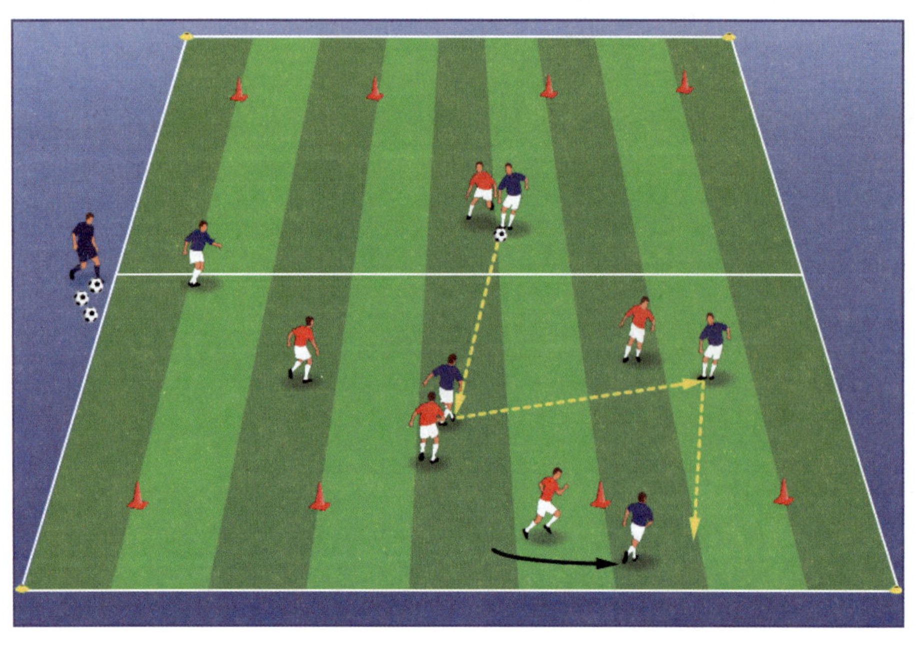

练习简介

1.在30码×20码的场地内有4个由标识桶组成的1.5码宽的球门；

2.当一名队员将球传过球门，而另一名队友在球门后接到球时，算作得分；

3.球可以从球门任意一侧传过。

教学要点

1.结合练习传球至脚下以及传球到队友的跑动路线上；

2.传球与跑动的时机是这个练习得分的关键。

练习 6　自由小场比赛　20分钟

首要技术目标：低平球

协调性训练目标：灵敏与变化

次要技术目标：带球跑

战术目标：创造空当、跑位与盯人

训练时长：85–100分钟

为了预防伤病我们建议以综合性运动机能练习来开始训练。

练习1 “瞄准目标”传球的精度与力度 10分钟

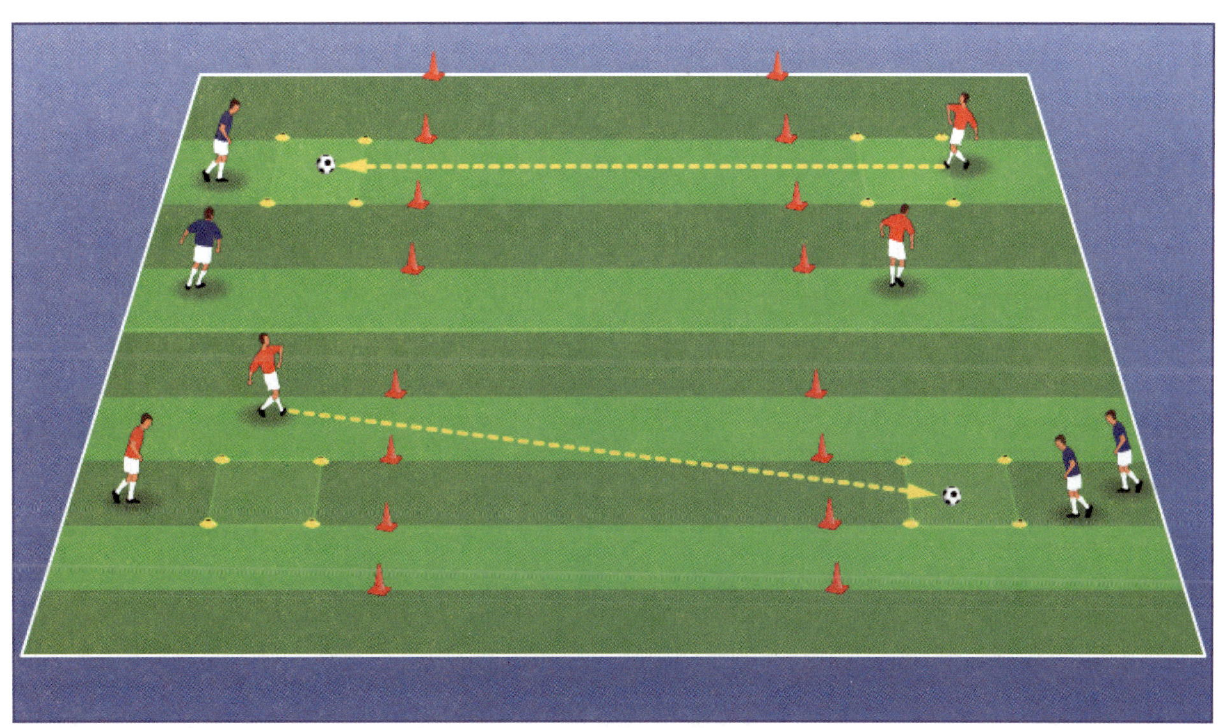

练习简介

1.被分为两队的队员需传球穿过标识桶组成的球门；

2.注意传球力度以确保球停在矩形区域内；

3.每次传球入矩形区域内并停住，则本队得1分。

练习变化

1.仅用弱势脚传球；

2.仅用脚背或脚外侧传球等。

教学要点

指导球员选择适合此距离和角度的部位来传球。

练习 2　加速与快速变向　5-10分钟

练习简介

1. 站成两列的队员分别冲刺至外侧标识桶，把它踢倒后，冲刺至内侧标识桶再把它踢倒，最后冲刺通过训练杆；
2.率先冲过训练杆内侧的队员为本队得1分。

练习变化

用手将标识桶推倒。

教学要点

球员学会为接球创造空当跑位。

练习 3　矩形场地内传接球与跑动　15-20分钟

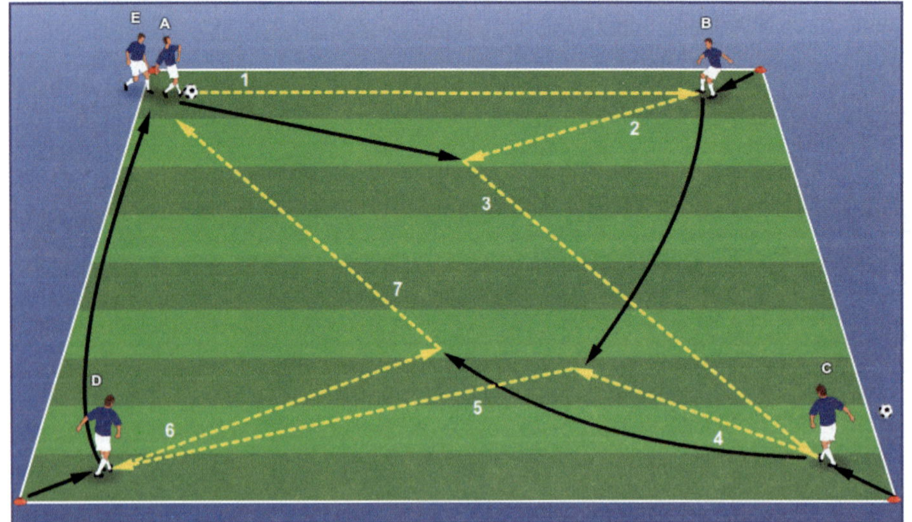

练习简介

1.在10码×10码的矩形场地内站立5名队员，其中2名队员处于起始点。
2.队员A传球给队员B，队员B再将球回传给跑动中的队员A；队员A接球并传球给队员C，队员C将球回传给跑动中的队员B；队员B将球传给队员D，队员D将球回传给队员C，队员C将球回传至起始点。
3.所有球员在回传球后立即移动位置（队员A到队员B的位置，队员B到队员C的位置，队员C到队员D的位置，队员D到队员E的位置），由队员E作为队员A开始下一轮的传球练习。

练习变化

1.改变传球方向；
2.用手配合进行半高球的传递。

教学要点

1.跑动与传球的节奏和时机是关键；
2.队员需确保一脚触球的质量，传球至下一名传球队员的跑动路线上，以实现练习的流畅性。

练习4 2对2对抗 20分钟

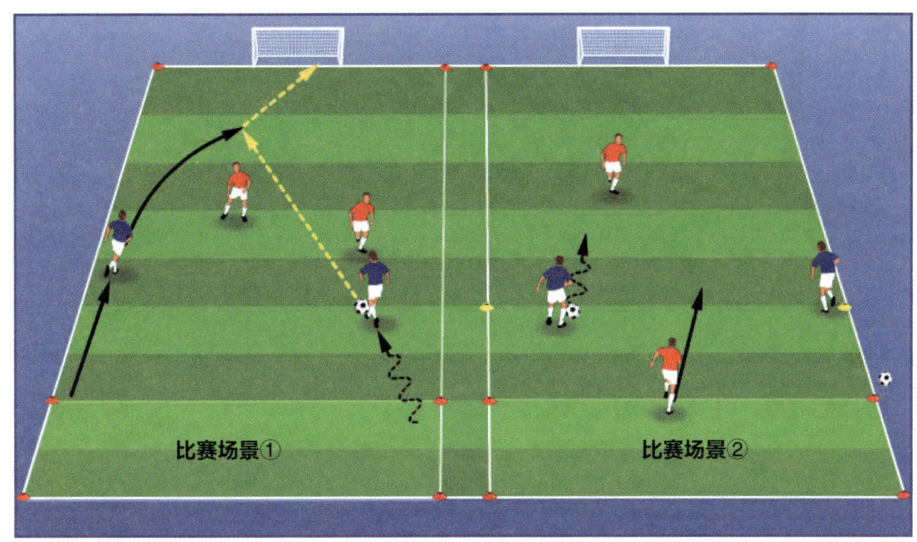

练习简介

1.正面2对2，进攻方尝试射门得分，防守方尝试抢球（如果抢下球，防守方也可以带球至目标区得分）；

2.还是2对2比赛，但这次一名防守队员从进攻队员后方开始回防。

练习变化

1.引入越位规则；

2.在矩形区域外增加两名队员以创造4对2的人数优势。

教学要点

1.接应队员需在接球前反向跑动以摆脱盯防队员，进而方便接球；

2.快速向前传球并得分。

练习5 小场比赛中的5对5控球与变向进攻 20–25分钟

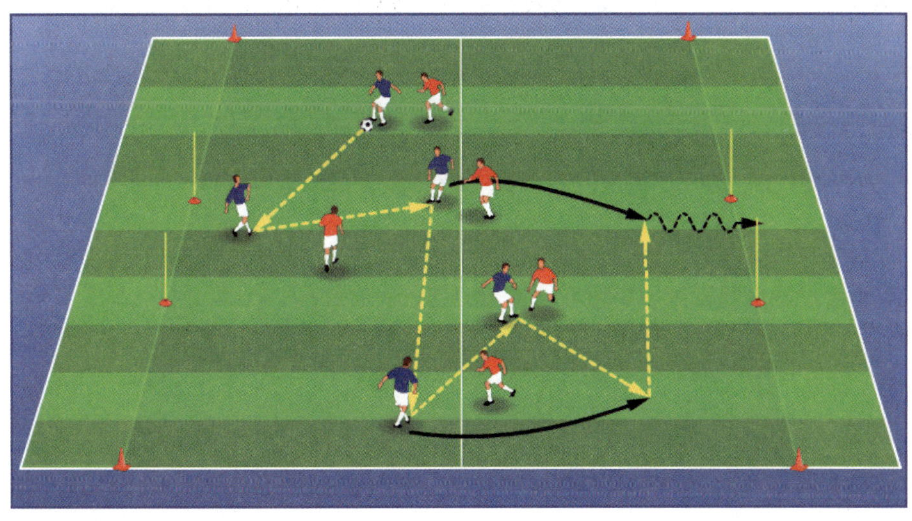

练习简介

1.小场地5对5分队比赛，两队都需完成5脚传球后才能得分；

2.队员带球通过训练杆组成的球门被视为进球。

练习变化

听从教练员指令或哨声，队员改变进攻方向，攻向另一个球门。

教学要点

1.球员对变换进攻方向要有提前意识和准备；

2.鼓励队员相互沟通并打出富有创造性的进攻配合。

练习6 自由小场比赛 20分钟

首要技术目标：低平球与2过1配合

协调性训练目标：平衡感与临场反应

次要技术目标：在压力下传球与控球

战术目标：创造空当、跑位与施压

训练时长：85–100分钟

为了预防伤病我们建议以综合性运动机能练习来开始训练。

练习1 撞墙式2过1配合、传球与跟进 10分钟

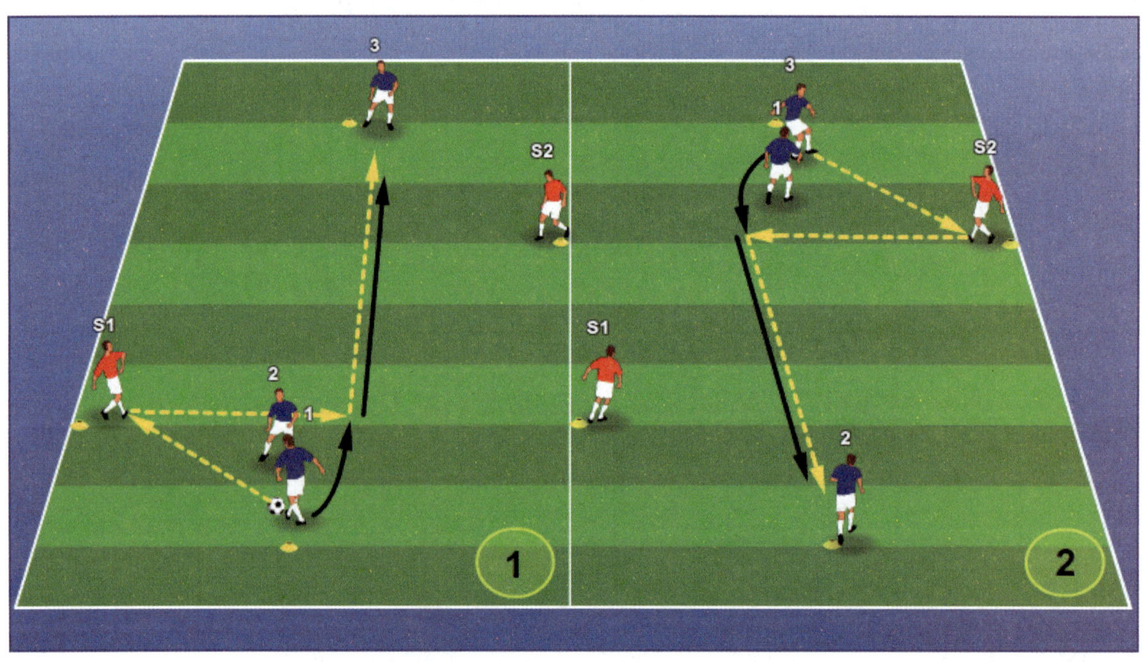

练习简介

1.第①阶段：队员1在队员2的施压下传球给边上的队员S1，队员S1根据队员1的跑动将球传到他的跑动路线上，队员1接球后传给队员3，之后跑上前去施压防守。队员2跑至队员1的位置。

2.第②阶段：队员3接球后从另一边开始同样的步骤，队员3与队员S2进行撞墙式2过1配合，后将球传给队员2，队员2在队员3的施压下完成与队员1的撞墙式配合。

练习变化

1.改变场边队员S1和队员S2的站位以练习另一只脚的传球；

2.要求传球失误的队员在随后的练习中一脚出球。

教学要点

1.第二脚传球的力度是关键，这决定队友是否可以不减速跑位接到球；

2.可以先从消极防守逐渐过渡到全力防守。

练习 2 传球技术与平衡感

5–10分钟

练习简介

1.这个练习需将球员两两分队，队员B掷球给队员A，后者站在平衡器械上完成一系列传递（脚内侧传球、脚背传球、用大腿接球再回传等）；

2.建议球员穿跑步鞋。

练习变化

10次传递算1组练习。

教学要点

1.确保球员在进行不同部位传球时运用正确的传球技术（脚背、凌空等）；

2.掷球队员或传球队员的力度与精度对于站在平衡器械上的队员来说十分重要，这关系到他能否舒服地接球和回传。

练习 3 圈内传跑

15–20分钟

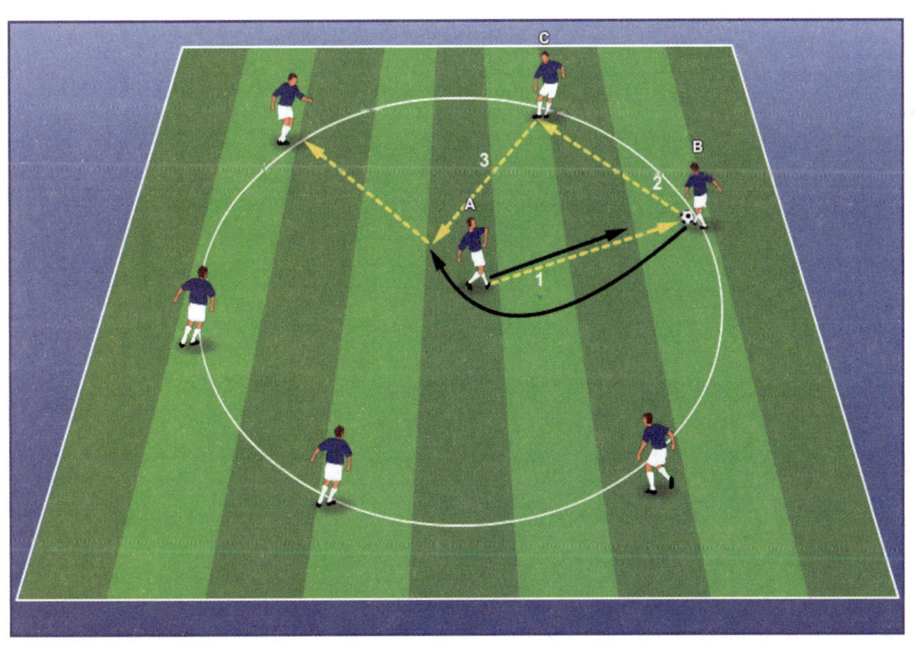

练习简介

1.圆形站位6名或7名队员，1名队员站在中央；

2.队员A站在圆形中央，将球传给队员B并进行消极防守；

3.队员B与队员C完成2过1配合后，队员A移动到队员B的位置；

4.队员B进行下一次传球，然后向接球队员施压（消极），以此类推完成此练习。

教学要点

1.确保球员能够抬头观察并且相互沟通；

2.以两次触球开始此练习，之后进展为一次触球，以加快练习速度。

练习 4　2过1中的撞墙式配合　20分钟

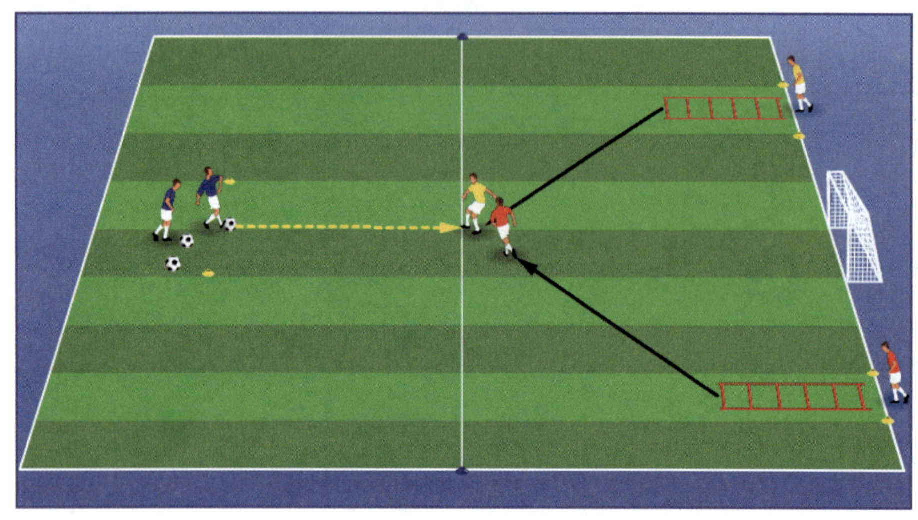

练习简介

1.球员进行分队，蓝队队员将球传至场地中央，黄队队员与红队队员跑过绳梯后向球冲刺，率先拿到球的队员将球回传给蓝队队员，并与蓝队队员组成进攻方，进行2对1比赛；

2.如果通过撞墙式2过1配合创造机会进球，则得分翻倍。

练习变化

1.用训练杆或标识桶代替绳梯；

2.防守队员抢下球即得分。

教学要点

1.球员在过绳梯时需高抬腿并以快速的步伐通过；

2.接球时正确的身体姿势十分重要，需确保接球时能有效控球并防止被防守队员抢截。

练习 5　三队传跑配合控球比赛　20-25分钟

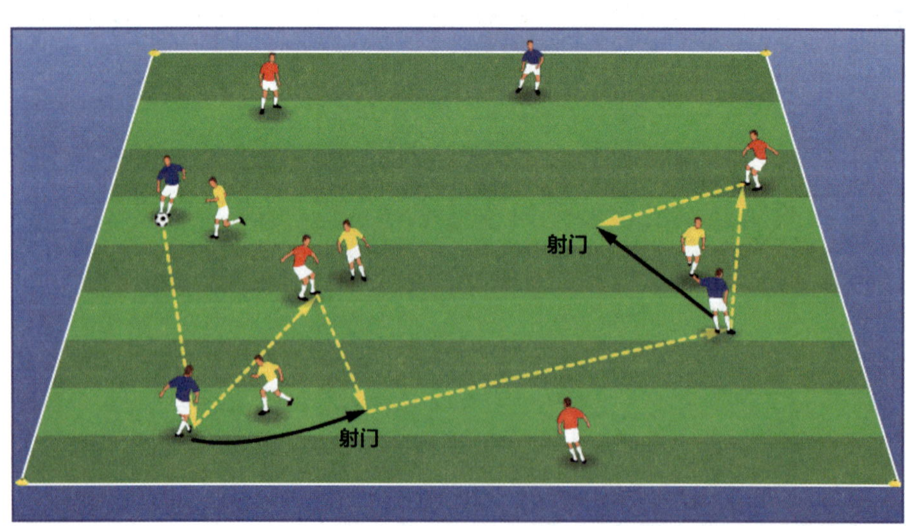

练习简介

1.红队与蓝队共同对抗黄队；

2.每完成一次撞墙式2过1配合，即得1分；

3.黄队（防守球队）尝试抢球；

4.每两分钟更换一次防守球队。

练习变化

与不同队的进攻队员进行2过1配合才算得分。

教学要点

1.撞墙式2过1配合中，第二脚传球需传至队友跑动的路线上；

2.恰当的身位和姿势能更好地进行第一脚传递。

练习 6　自由小场比赛　20分钟

首要技术目标：渗透传球

协调性训练目标：灵敏与平衡

次要技术目标：接球与精准射门

战术目标：创造空当、跑位与施压

训练时长：85–100分钟

为了预防伤病我们建议以综合性运动机能练习来开始训练。

练习1　4对2控球、传接与快速打法　10分钟

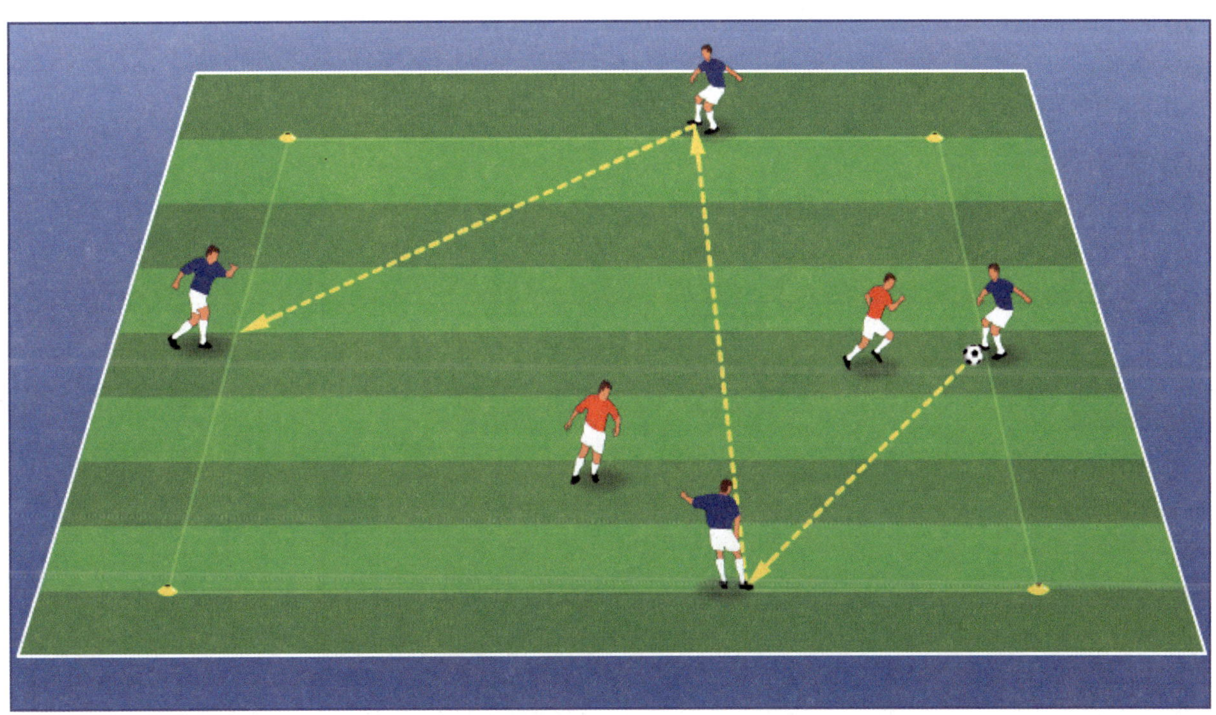

练习简介

1.进行4对2控球训练，蓝队队员站在矩形场地外尝试完成10次地面传递即得1分；

2.红队队员作为防守队员可在矩形场地内自由移动，他们需要尽力阻止蓝队达到10次连续传球；

3.练习中途双方互换攻守角色，得分较高的球队获胜。

练习变化

制订两次触球规则，每次传球从两名防守队员之间穿过得1分。

教学要点

1.控球队员应有至少两个传球选择，所以同伴需跑动到好的接应位置；

2.防守队员需同时施压并封闭传球角度，增加传球队员的控球难度。

练习 2　结合守门员的灵敏与冲刺训练　5–10分钟

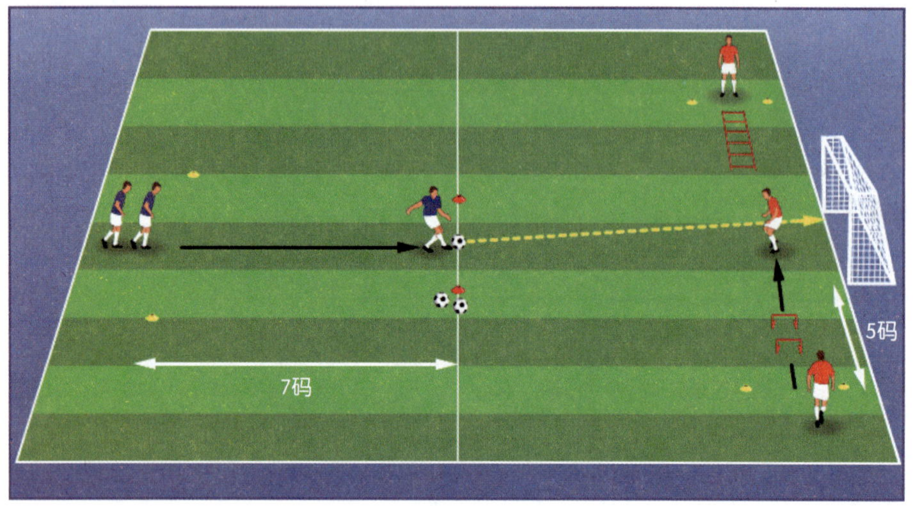

练习简介

1.红队队员跳过两道栏架或绳梯后跑至球门处成为守门员；

2.蓝队队员冲刺至放置在标识盘之间的球处并射门。

练习变化

当球员能根据教练员的指令命中球门的左侧或右侧，该进球得分翻倍。

教学要点

主要练习向前冲刺并射门，也可以结合传球。

练习 3　控球、传球并结合灵敏训练的射门　15–20分钟

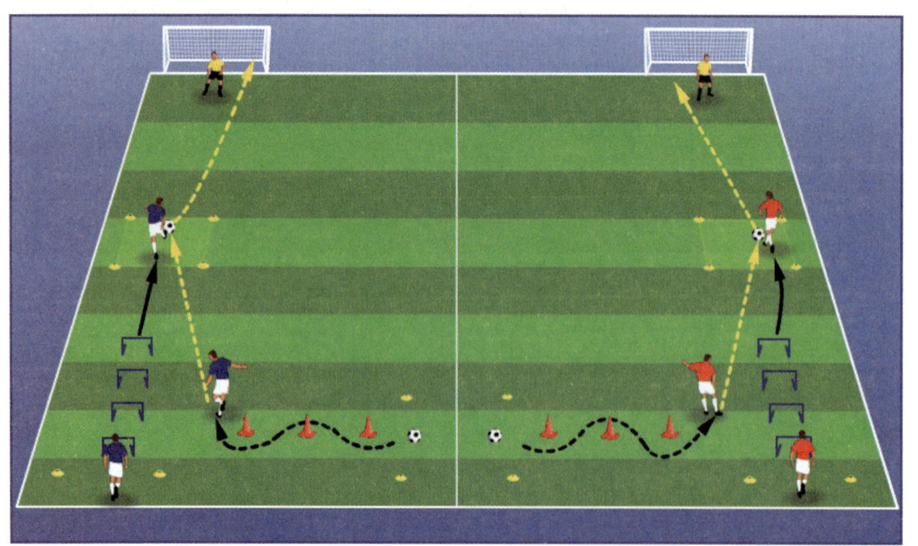

练习简介

1.第一名队员带球绕过标识桶后将球传入矩形区域；

2.另一名队员跳过四道栏架后冲刺进矩形区域接球并射门；

3.得分较高的球队获胜。

教学要点

1.传球和冲刺都需以最快速度完成；

2.传球的角度与力度都要精准以利于奔跑的队友顺利接到球并快速射门。

练习 4 利用3对2优势进行传球配合 20分钟

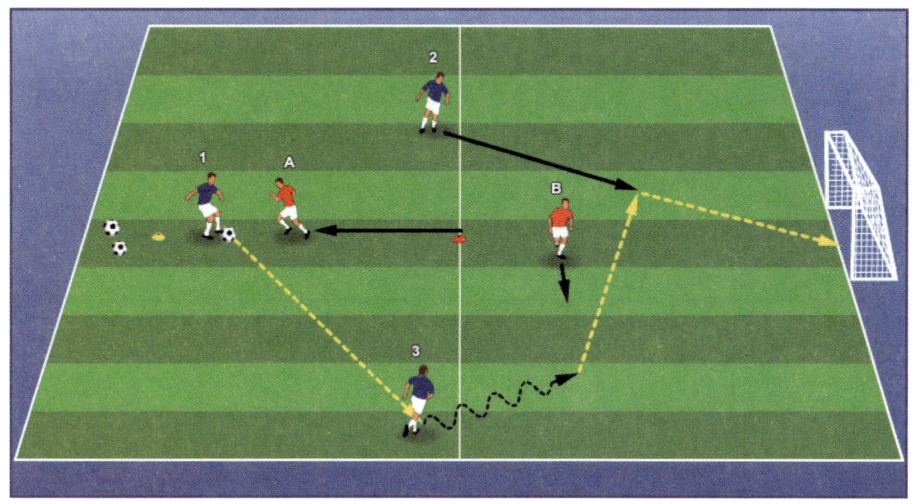

练习简介

1. 在队员A的施压时，队员1根据队员B的盯人防守进行选择，传球给队员2或队员3；
2.队员1用左脚内侧传球给队员3，传球给队员2则用右脚内侧；
3. 队员B从队员A的身后开始防守，蓝队拥有3对2优势并尝试射门得分；
4.经常变换防守队员。

练习变化

用脚外侧传球。

教学要点

1.需要有意识地选择传给哪名队友；
2.利用人数优势快速传球。

练习 5 7对7含目标球员的控球比赛 20–25分钟

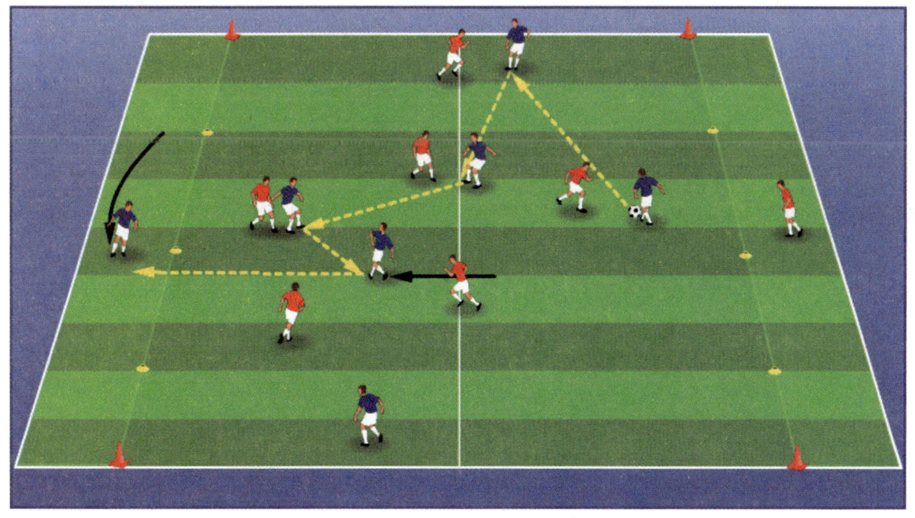

练习简介

1.在40码×30码的场地内，两队各有7名队员，两名目标球员站在场地两端5码区内；
2.目标是在完成5次传递后渗透性传球给到目标球员。

练习变化

1.如果5码区内的队员在接球后能传球给另一名队友，得1分；
2.传给目标球员的应是挑高球，他需在空中控制好球。

教学要点

1.正确的身体姿势（展开身体并半转身）对于观察下次传球方向十分重要；
2.充分利用场地宽度，转移打法，最大化地利用空间，轻松而有效地控球。

练习 6 自由小场比赛 20分钟

首要技术目标：低平球，2过1配合与传球跟随跑

协调性训练目标：快速、平衡及运动机能组合

次要技术目标：定向接球与射门

战术目标：创造空当、跑位、背套与防守反击

训练时长：85–100分钟

为了预防伤病我们建议以综合性运动机能练习来开始训练。

练习1 传球与射门次数挑战 10分钟

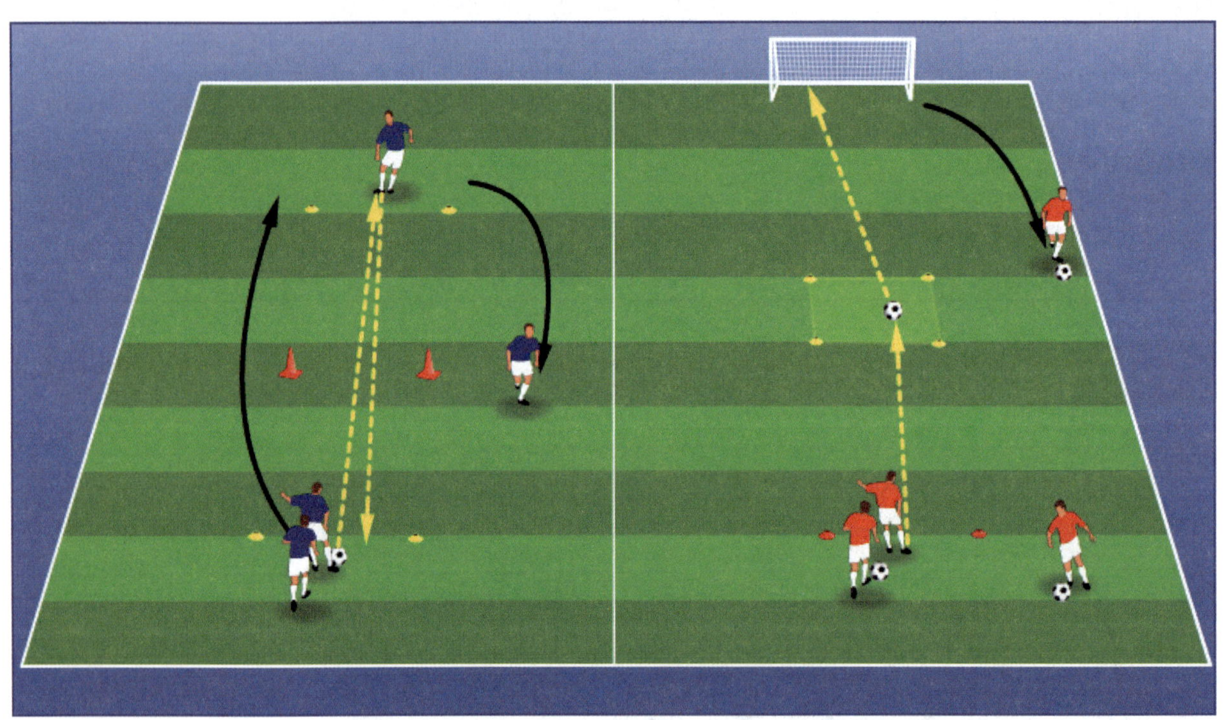

练习简介

1.蓝队需完成预定数量的穿过标识桶门/标识盘门的传球，队员传球后跑至对面接球；

2.与此同时，红队队员将球传入矩形区域内并跟上射门，完成射门后带球跑回起点，应尽可能多地射门得分。

练习变化

1.蓝队队员用手抛球后凌空或半凌空射门；

2.红队队员带球至矩形区域内再射门。

教学要点

1.两队都需快节奏练习(一脚触球即传球或射门)；

2.需保证传球精度与力度以使练习持续流畅地进行。

练习 2　协调能力与传球接力　5–10分钟

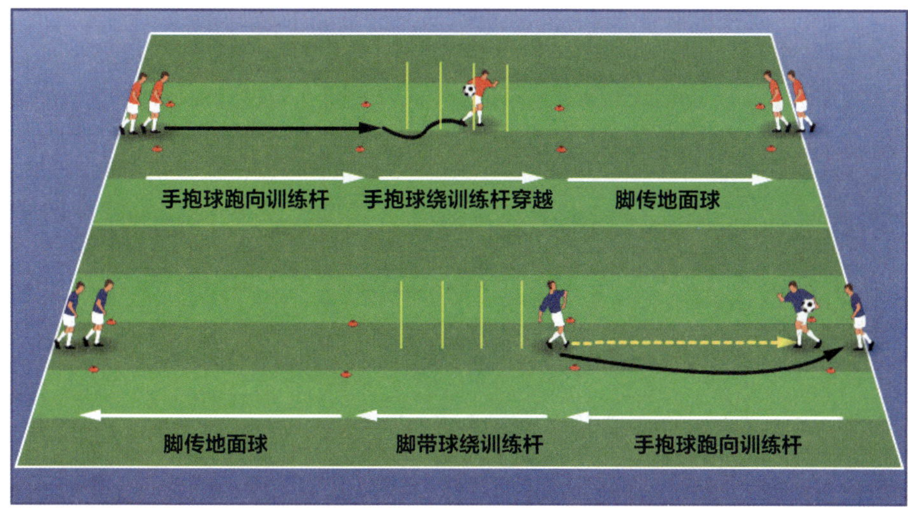

练习简介

1.两队第一名队员手抱球分别跑向训练杆并绕训练杆穿越，然后把球放下，传地面球给对面等候的队员；
2.接球队员接好球后，抱起球跑向训练杆，然后用脚带球绕训练杆，传给对面下一名队员；
3.依次循环，规定时间内完成最多传球次数的那队获胜。

练习变化

脚内侧凌空传球或脚背传半凌空球。

教学要点

1.此练习应全速完成；
2.球员应在此练习的不同部分转换不同节奏。

练习 3　传接球与跟球跑　15–20分钟

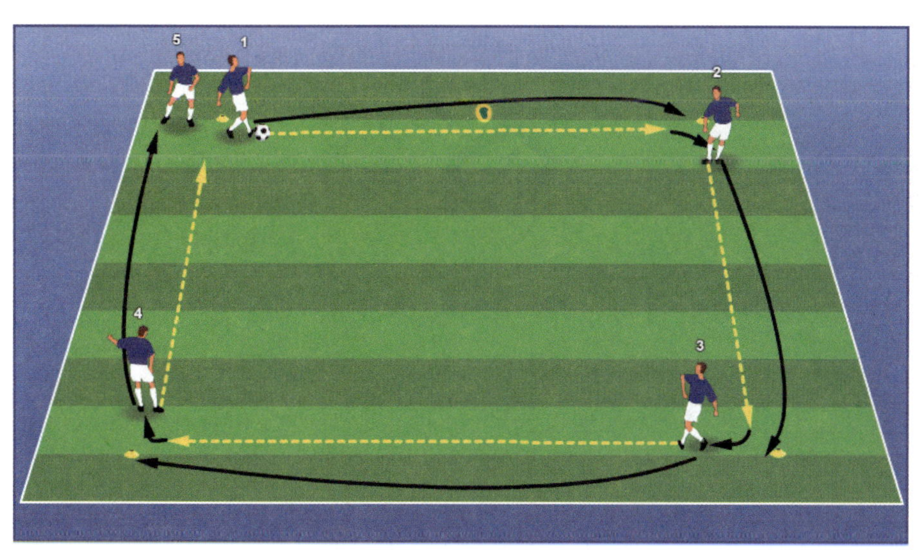

练习简介

1.队员5和队员1同时站在起点的位置；
2.队员1将球传给队员2并占据后者的位置；
3.队员2将球传给队员3并占据后者的位置，以此类推，循环练习；
4.队员左脚接球，右脚传球。

练习变化

改变传接球的方向和传接球的用脚部位。

教学要点

1.球员需确保接球时的第一脚触球就能把球趟在跑动的路线上，从而保证练习的流畅性；
2.确保球员能够抬头观察并且相互沟通。

练习 4　结合背套的2对1配合　20分钟

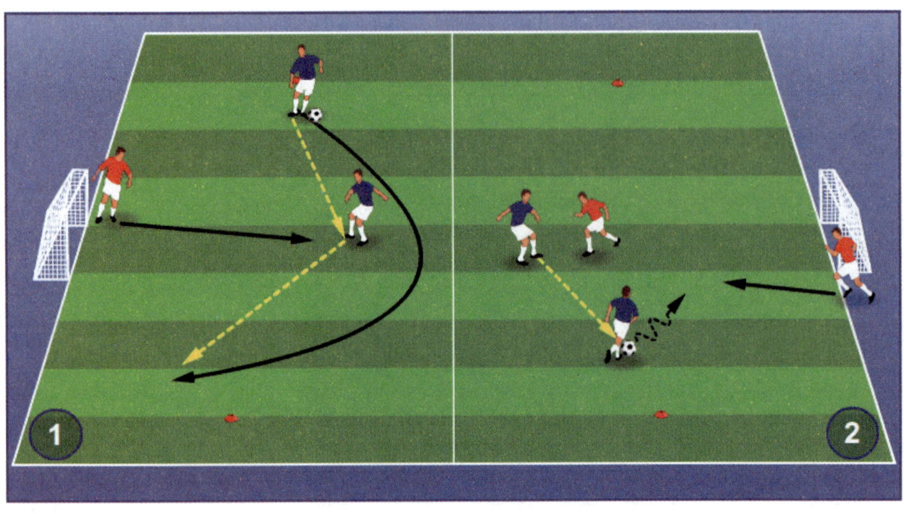

练习简介

在20码×15码的场地上进行2对1对抗。

1.第①阶段：持球队员以传球开始此练习，并通过背套创造传球空间，并制造得分机会。

2.第②阶段：当第一名防守队员防守失败，另一名防守队员进入场地形成新的2对1局面。进攻队员的目标仍是射门得分。

练习变化

队员传球后不进行背套，而是进行前插。

教学要点

1.背套跑位在队员传出球的一瞬间就开始；

2.传球给背套上来的队员需注意力度，应正好传到他跑动的路线上且又不影响他的速度。

练习 5　5对5到两端区域的控球比赛　20–25分钟

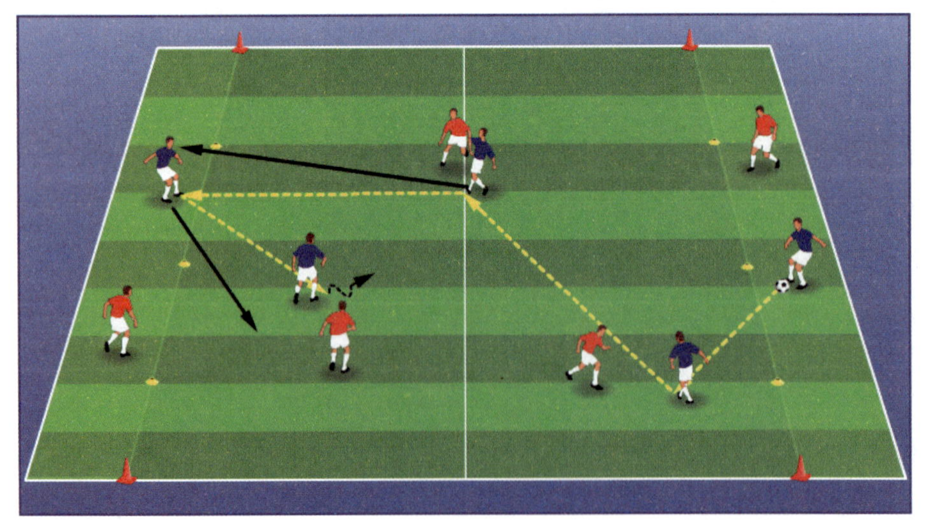

练习简介

1.在40码×25码的场地内进行5对5比赛，每队出2名队员，分别站在两端的目标区；

2.每当球从一端目标区传至另一端目标区时，得1分；

3.在目标区内接到球的队员进入场内，传球队员占据他的位置，球队保持控球并向另一端进攻。

教学要点

1.正确的身体姿势（展开身体并半转身）能观察场上情况并选择传球方向；

2.当在目标区交换位置时，队员需要快速完成换位和提供接应点以保证控球。

练习 6　自由小场比赛　20分钟

首要技术目标：传高球

协调性训练目标：快速、动态平衡与判断球路

次要技术目标：接高球

战术目标：创造空当与快速防守反击

训练时长：85–100分钟

为了预防伤病我们建议以综合性运动机能练习来开始训练。

练习1 接球、颠球与传球热身 10分钟

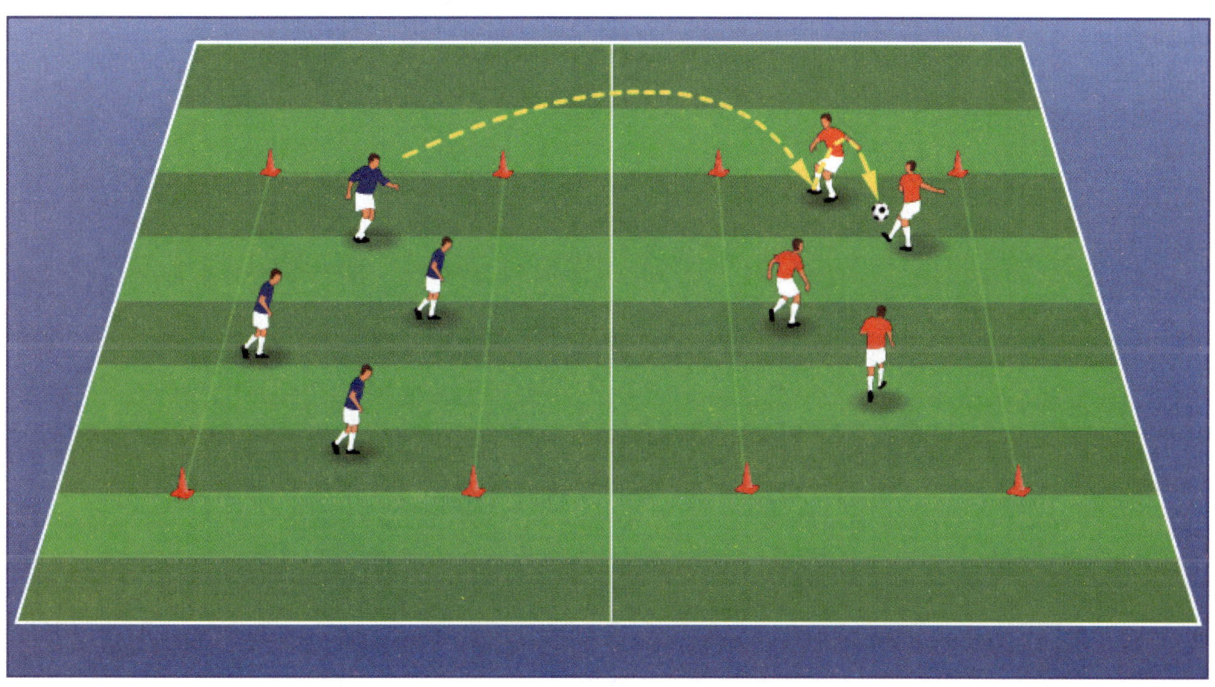

练习简介

1.两个10码×10码区域内各有4名队员，需抛球至对方区域，蓝队队员以掷界外球的方式把球抛给红队队员，之后的练习可以过渡到用脚传；

2.红队4名队员接到球后以颠球的方式不让球落地，并计算传球的次数（每名队员最多3脚触球），一旦球落地，红队队员就把球以同样的方式掷给蓝队队员。

教学要点

1.球员应尝试用双脚所有部位、大腿、胸部和头部控球；

2.目标是在两个区域间尽量多地互相传球，而不是计算得分；

3.传球应尽量传高球以便队友控球。

练习 2 翻滚、跑动、空中传球与冲刺

5–10分钟

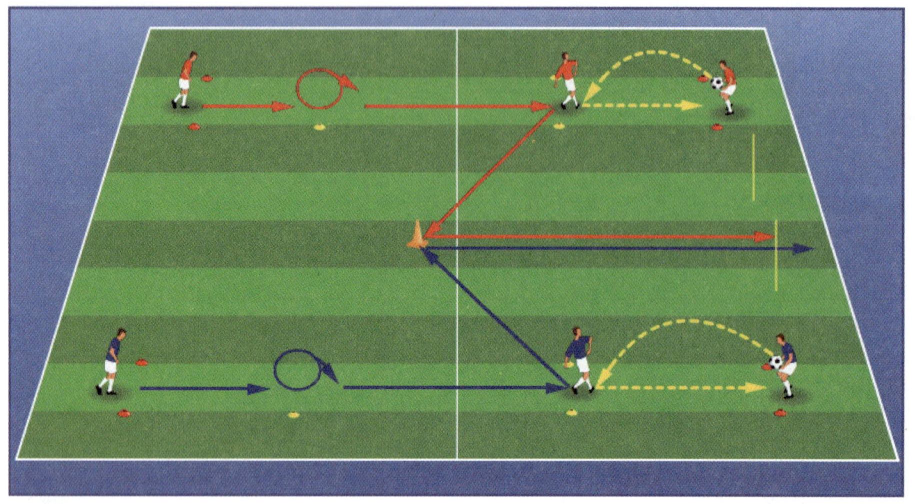

练习简介

1.球员被分为两队，第一名队员前滚翻，并跑位接队友抛过来的高球，控球后再回传地面球给队友；

2.回传之后跑向场地中央触碰标识桶，最后冲刺过训练杆，率先过训练杆的队员为本队得1分。

练习变化

1.用头传球；

2.用脚内侧传空中球；

3.胸部停球后传球。

教学要点

1.球员应全速并在转向时减速，同时微屈膝降低身体重心；

2.需关注抛球、传球的技术和准确度。

练习 3 传接高空球、带球与射门

15–20分钟

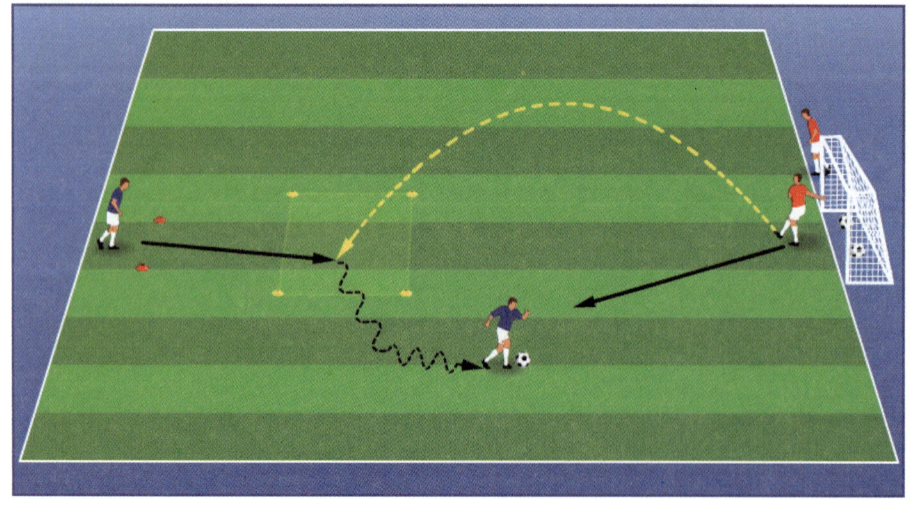

练习简介

红队队员过顶球传入矩形区域，蓝队队员在5码处跑入矩形区域接球，并在第一次触球后将球趟出矩形区域（向前、向左、向右），并尝试射门得分。

练习变化

过顶球传入矩形区域，队员需在矩形区域内控球，再带球及射门。

教学要点

1.接球队员应在第一次触球时确定带球方向；

2.球员应充分用双脚所有部位、大腿、胸部及头部尽可能地控制好球。

练习 4 传过顶球至球门区的小场比赛 20–25分钟

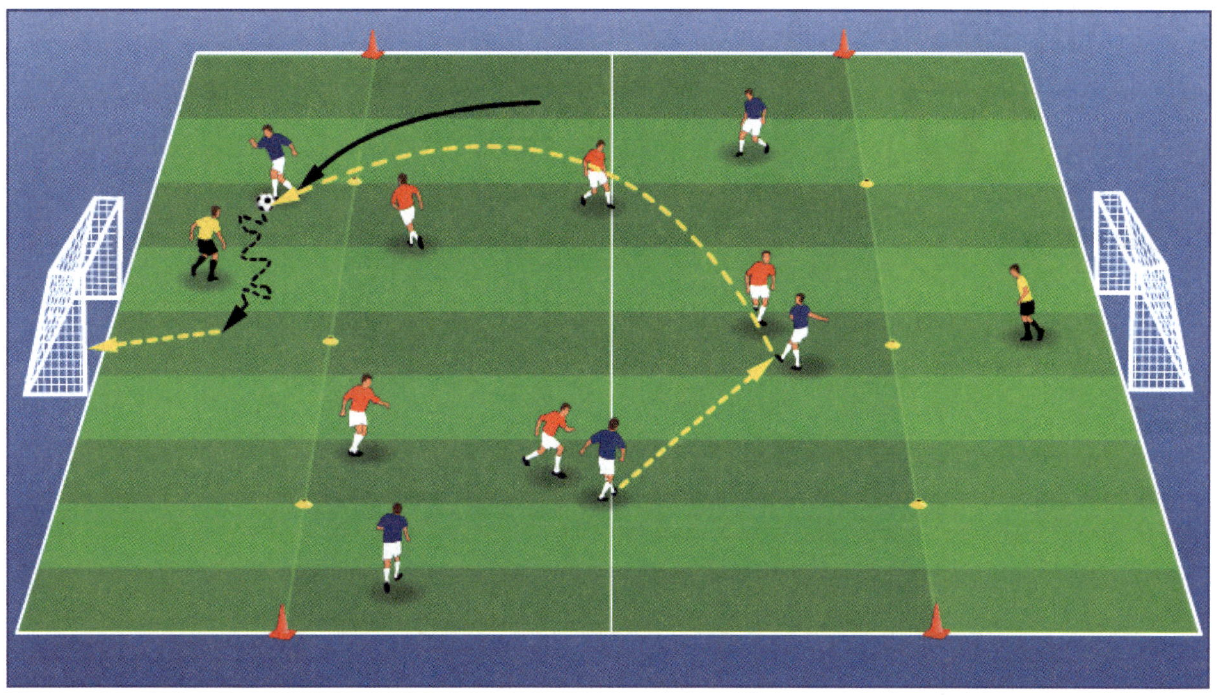

练习简介

1.两队在40码×30码的矩形场地内进行比赛；
2.球门区不得有防守队员；
3.进攻队员可跑入球门区接高球，得球后面对守门员射门；
4.进攻队员需找到第一落点，在高球未落地之前接到球，否则进攻无效。

练习变化

在最后一次传球进入球门区之前，需完成5次传递。

练习 5 自由小场比赛 20分钟

首要技术目标：传高球

协调性训练目标：快速、动态平衡与判断球路

次要技术目标：接球与一脚出球

战术目标：创造空当、快速防守反击与跑位

训练时长：85–100分钟

为了预防伤病我们建议以综合性运动机能练习来开始训练。

练习1 “网球规则”足球游戏 10分钟

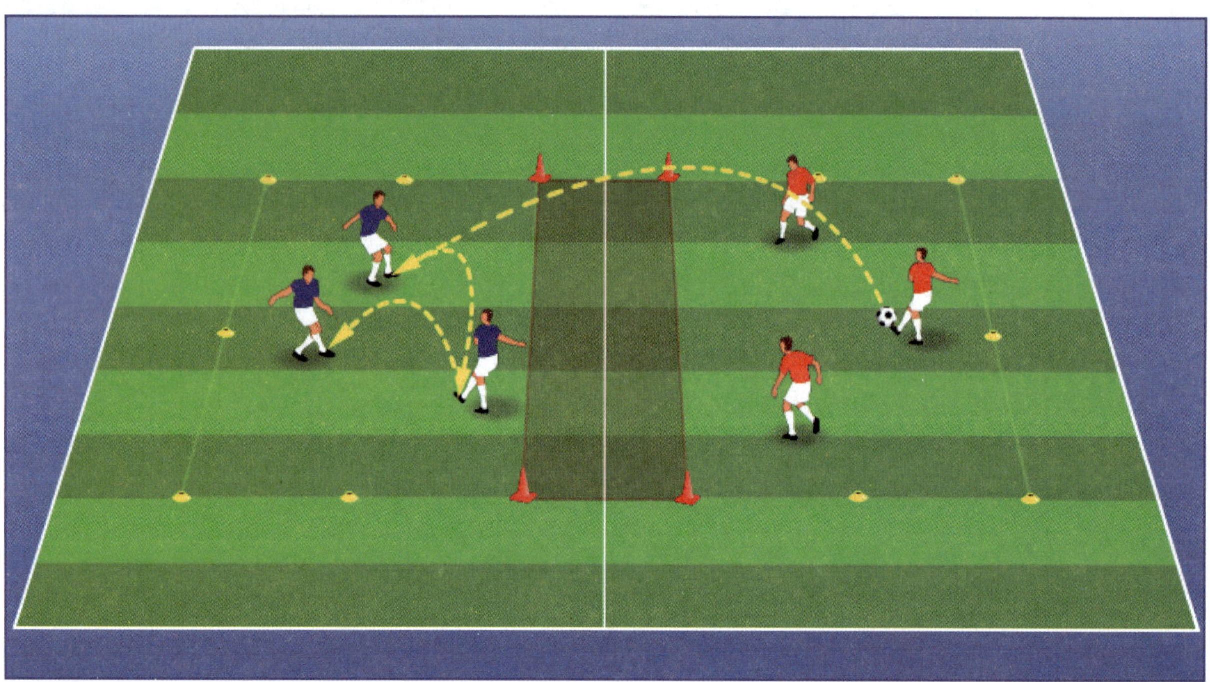

练习简介

1.这是采用网球规则的足球练习；

2.每次接球后最多触球3次，球最多在地上弹起1次；

3.在将球传回对方场地时至少要有一次队友间的传球配合；

4.如果没有网球球网，也可以用四个标识桶代替。

练习变化

要求球员一脚触球，在将球传回对方场地前做到3次传递。

教学要点

1.球员应充分用双脚所有部位、大腿、胸部与头部来控球；

2.在两个矩形区域之间的传球应尽可能高地传空中球。

练习 2　跳跃、1对2、变向与射门　5-10分钟

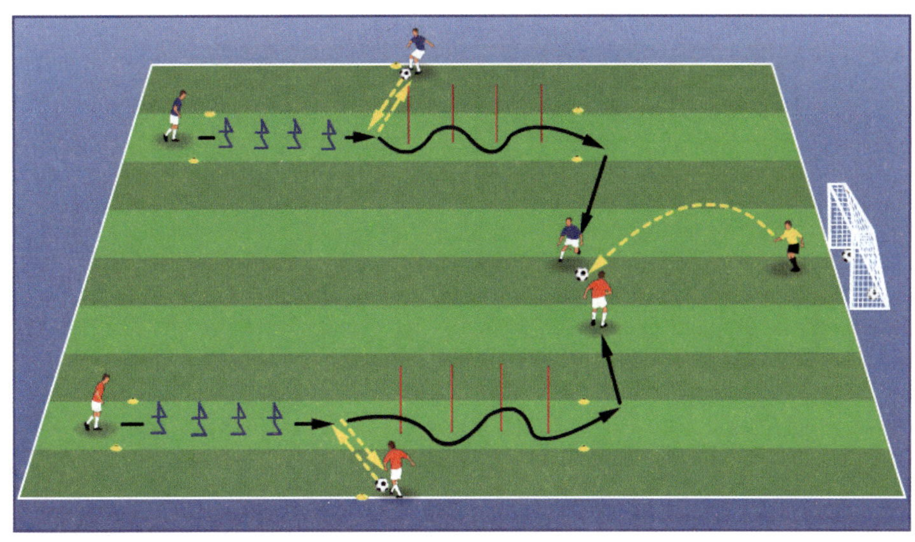

练习简介

1.双方各1名队员跳过栏架后静止站立；
2.队友站在场地一侧抛球或传球给站立队员，站立队员用脚内侧回传地面球或空中球给队友；
3.之后，2名队员绕过训练杆并冲刺向前，争抢被守门员抛出的球形成1对1的攻防局面并尝试射门得分。

练习变化

先从守门员处得到球的队员可以在无防守的情况下射门。

教学要点

撞墙配合中应将球传至队友前方，以便他们在跑动中直接回传而不必减速，从而在比赛中赢得先机。

练习 3　2对1对抗中的快速反应与快速打法　20分钟

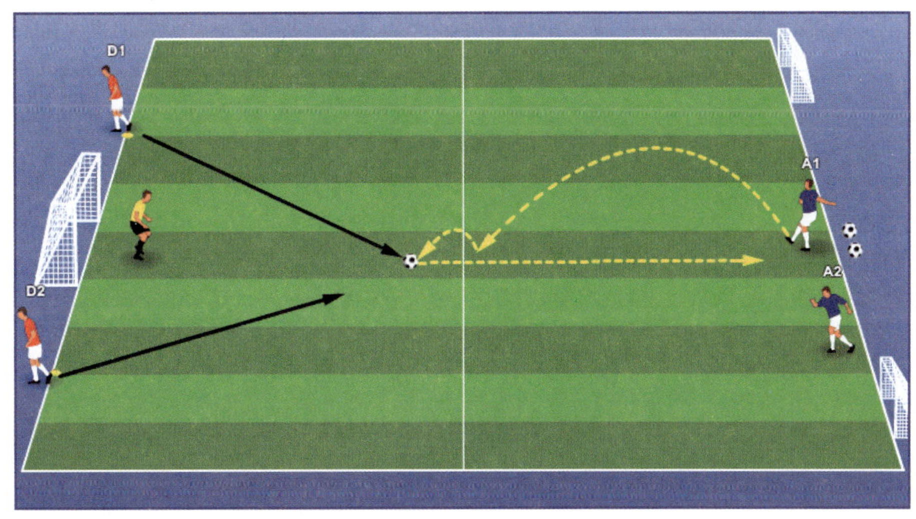

练习简介

1.红队2名队员背对场地，蓝队队员将球搓传到场地中央，听到传球声时，红队2名队员转身并向球冲刺；
2.率先得到球的队员将球回传给蓝队队员并形成2对1攻防局面（A1队员和A2队员进攻，D1队员防守）；
3.防守方得球后也可将球射入任意一个小球门。

练习变化

1.球员在向球冲刺并争抢球权前需进行协调性练习；
2.引入越位规则。

教学要点

为了利用人数优势，持球队员应等待防守队员上前扑抢，再伺机将球传到空当让队友得分。

练习 4 三个区域、4对3小场比赛 20–25分钟

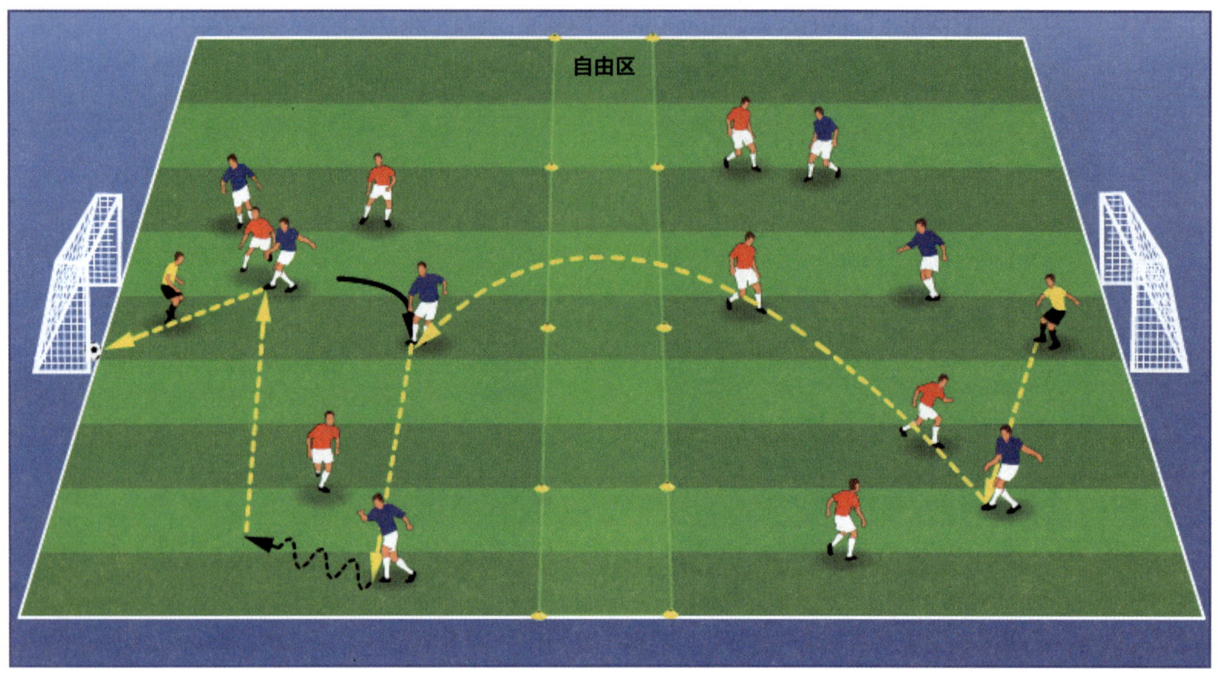

练习简介

1.两队在40码×30码的场地内比赛，场地中央有7码宽的自由区，其他两个区域中各有4名进攻队员与3名防守队员。

2.守门员将球传给防守队员后，练习开始；进攻队员此时进行消极防守；防守队员传高球给前方区域内人数占优的进攻队友；如果进攻队员进球，比赛从对方守门员处重新开始；如果防守队员拦截成功，他们需将球传递给另一区域的本方进攻队员。

3.一次只有一名队员可以进入自由区，如果有队员进入自由区，那名队员所在的球队必须在旁边的区域保持控球；在自由区里，队员自由而不受盯防。

4.当一名进攻队员在自由区里接球，他的目标是自己带球晃过防守队员并射门得分。

练习变化

取消人数优势（如3对3、4对4）。

教学要点

1.因为人数劣势，防守队员需快速将球传给另一区域中的进攻队员；

2.进攻队员在接球前需利用反向跑位摆脱盯防队员，以创造接球的空间，特别是接从另一区域传来的球时。

练习 5 自由小场比赛 20分钟

首要技术目标：传高球

协调性训练目标：快速、临场反应与判断球的弹行方向

次要技术目标：接球、一脚传球与射门

战术目标：创造空当与跑位

训练时长：85–100分钟

为了预防伤病我们建议以综合性运动机能练习来开始训练。

练习1 双人过网颠球 10分钟

练习简介

1.隔网的2名队员颠球并相互传球，在给予规则和特定配合前允许队员自由发挥；

2.如图所示的拉线训练杆即能被应用于此练习。

练习变化

1.球员必须触球3次；

2.允许球触地弹起1次；

3.球员仅可用头部触球；

4.接半凌空球并第一时间传出。

教学要点

1.检查并规范球员接传高球的技术动作；

2.确保球员在此练习中用脚背或脚内侧传空中球。

练习2 快速反应、转身与第一时间射门 5–10分钟

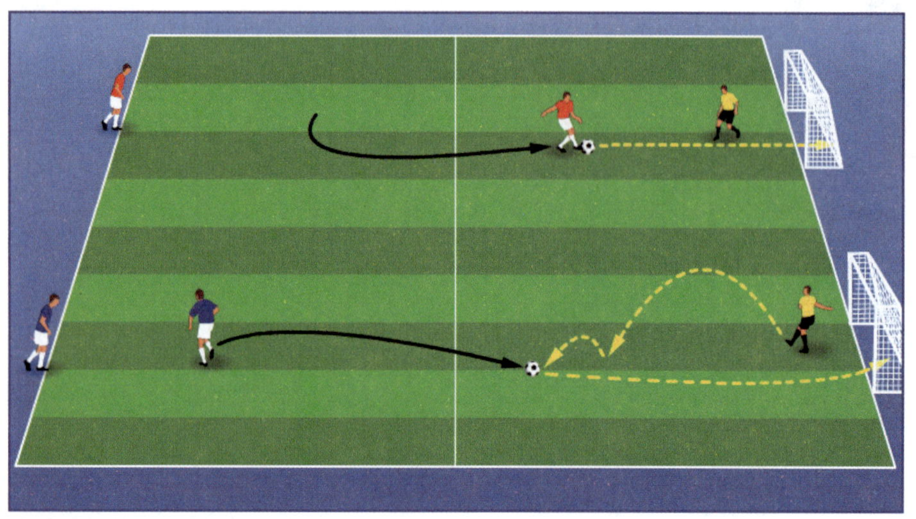

练习简介

1.队员背对球门开始练习；

2.当听到守门员的踢球声，队员灵敏转身跑向球并第一时间射门；

3.每次2名队员同时开始，先进球的球员得1分。

练习变化

球员转身后前滚翻，再射门。

教学要点

1.球员需要判断球的飞行方向以调整身位，并在第一时间射门；

2.出球时球员应背部挺直，头部高于球。

练习3 良好沟通与传接球 20分钟

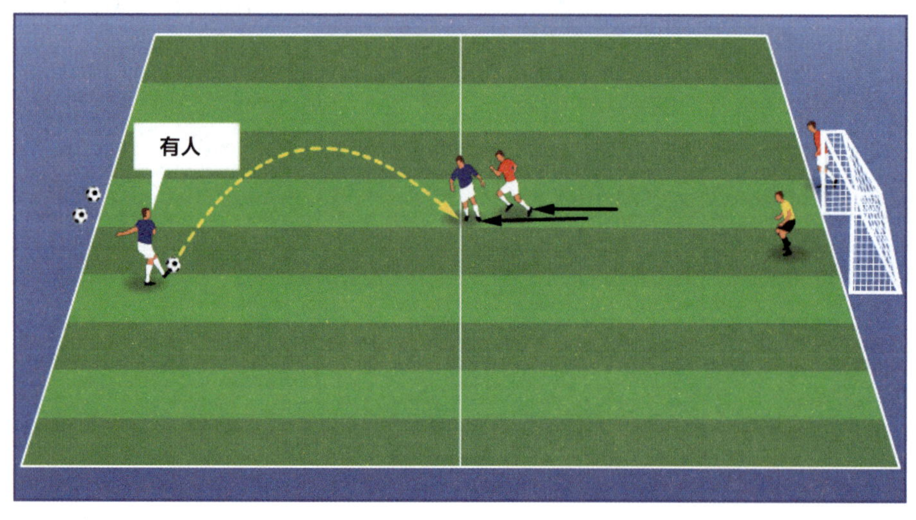

练习简介

1.蓝队队员根据防守队员的情况合理传高球给队友，并喊“有人”提醒队友注意身后上来抢球的防守队员，然后上前接回传球创造2对1的攻防局面，进攻方的目标为进球；

2.如果防守队员并没有紧逼防守，也可喊“转身”，这样两人即可进行正面进攻。

练习变化

1.引入越位规则；

2.接球队员头球回传。

教学要点

1.进攻队员需正确使用身体护球，隔开防守队员与球；

2.在2对1局面中，持球队员可等待防守队员上前逼抢，然后把球传至空当。

练习 4　小场比赛中结合目标球员的接应打法　20–25分钟

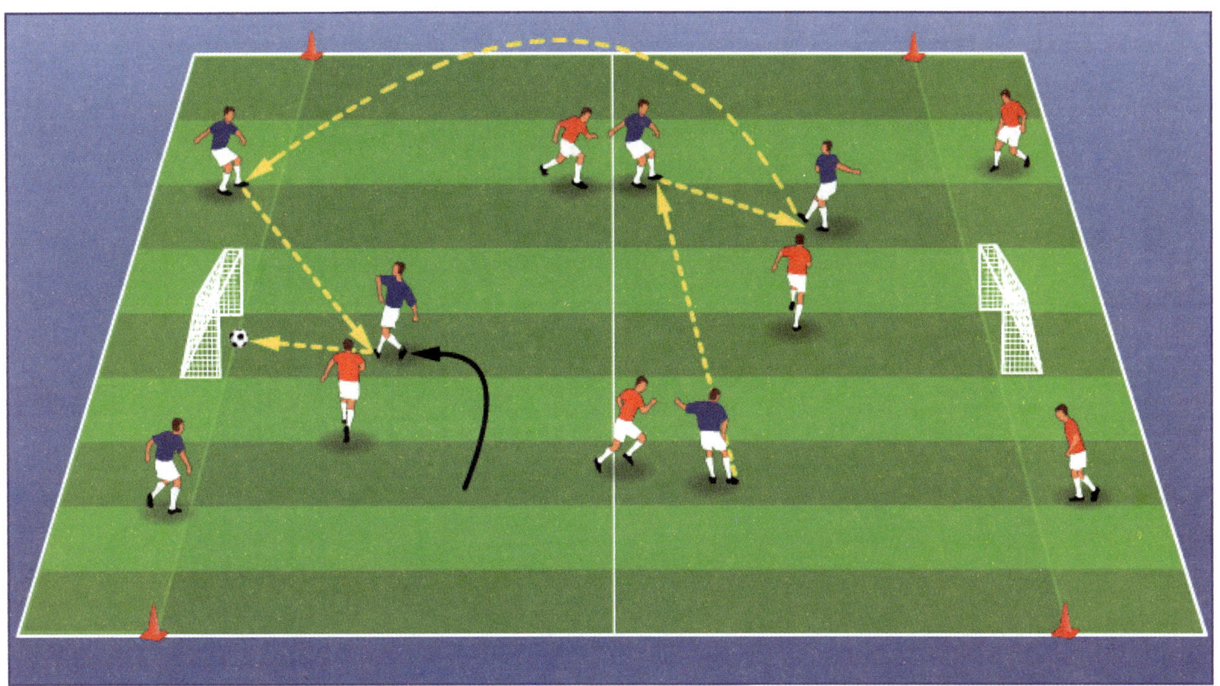

练习简介

1.两队在40码×30码的矩形场地内进行6对6比赛，每队有两名目标球员站在对方球门的两侧；
2.只能传高球给目标球员并一脚回敲给本队队员才能射门得分。

练习 5　自由小场比赛　20分钟

首要技术目标：传高球与横传

协调性训练目标：动态平衡与判断球的弹行路线

次要技术目标：有方向性地接球、带球、花式技巧与射门

战术目标：快速防守反击与跑位

训练时长：85–100分钟

为了预防伤病我们建议以综合性运动机能练习来开始训练。

练习1 精准传高球与凌空抽射 10分钟

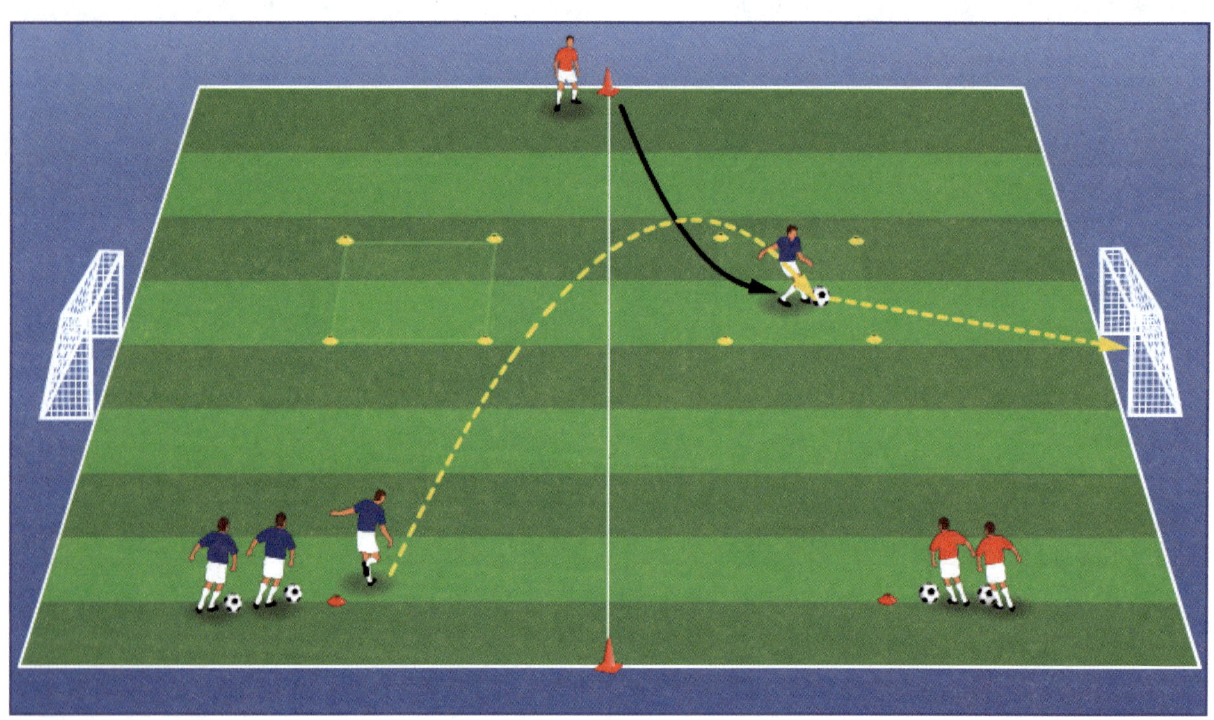

练习简介

1.两队进行射门得分比赛，每支球队各出1名队员作为进攻队员站在场地的一边；

2.其余队员各持一球站在场地另一边，目标是传高球进入矩形区域给进攻队友进行抽射；

3.传球队员移动变为进攻队员，之前的进攻队员回到球队末尾准备传球；

4.两队各进3球后，队员换边，这样就可以练习从左边或右边不同方向和角度来判断球的弹行轨迹。

练习变化

接空中球一脚触球即凌空抽射。

教学要点

1.演示凌空抽射的正确技术要领；

2.球员的眼神应始终跟随球的飞行路线以准确判断落点；

3.搓传球需精准落在接球队员身前以便其继续跑动并射门。

练习 2　传接球与快速带球　5–10分钟

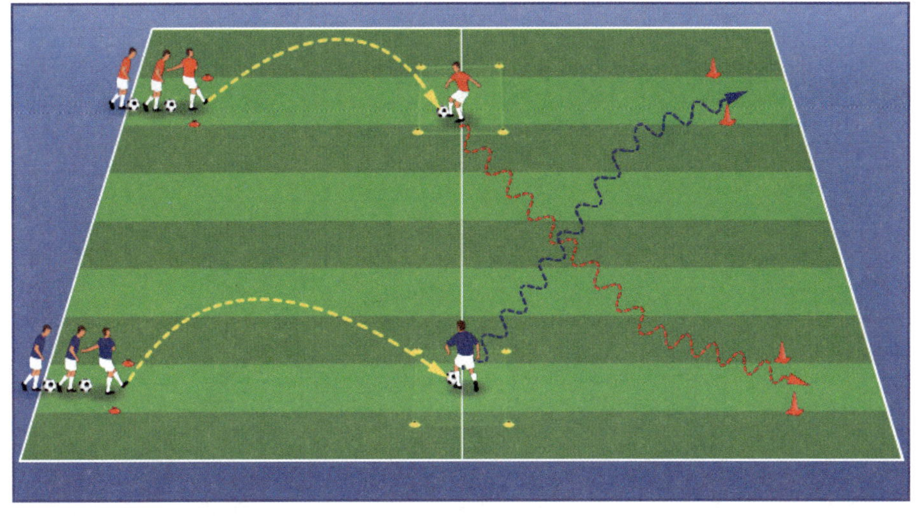

练习简介

1.第一名队员搓球传给站在矩形区域内的队友，后者控球，向对方球门快速带球；

2.先带球通过标识桶门的队员为本队得1分。

练习变化

传低平球。

教学要点

1.球员应在第一次触球时确定带球方向，并朝着对方球门以最快的速度带球；

2.传球需精准并对准接球队员擅长的接球脚，以使后者更流畅地带球。

练习 3　3对3(+2)结合边路区的传中与射门　20分钟

练习简介

1.在20码×15码的场地内进行2对2加守门员的小场比赛，两名中立队员在边路区协助控球方进攻；

2.如果通过边路选手的传中进球，则得分翻倍。

练习变化

1.场外队员只允许触球两次；

2.技巧性射门进球算3分（倒钩球、剪刀脚等）。

练习 4 7对7小场比赛中的传球接应及背套插上 20–25分钟

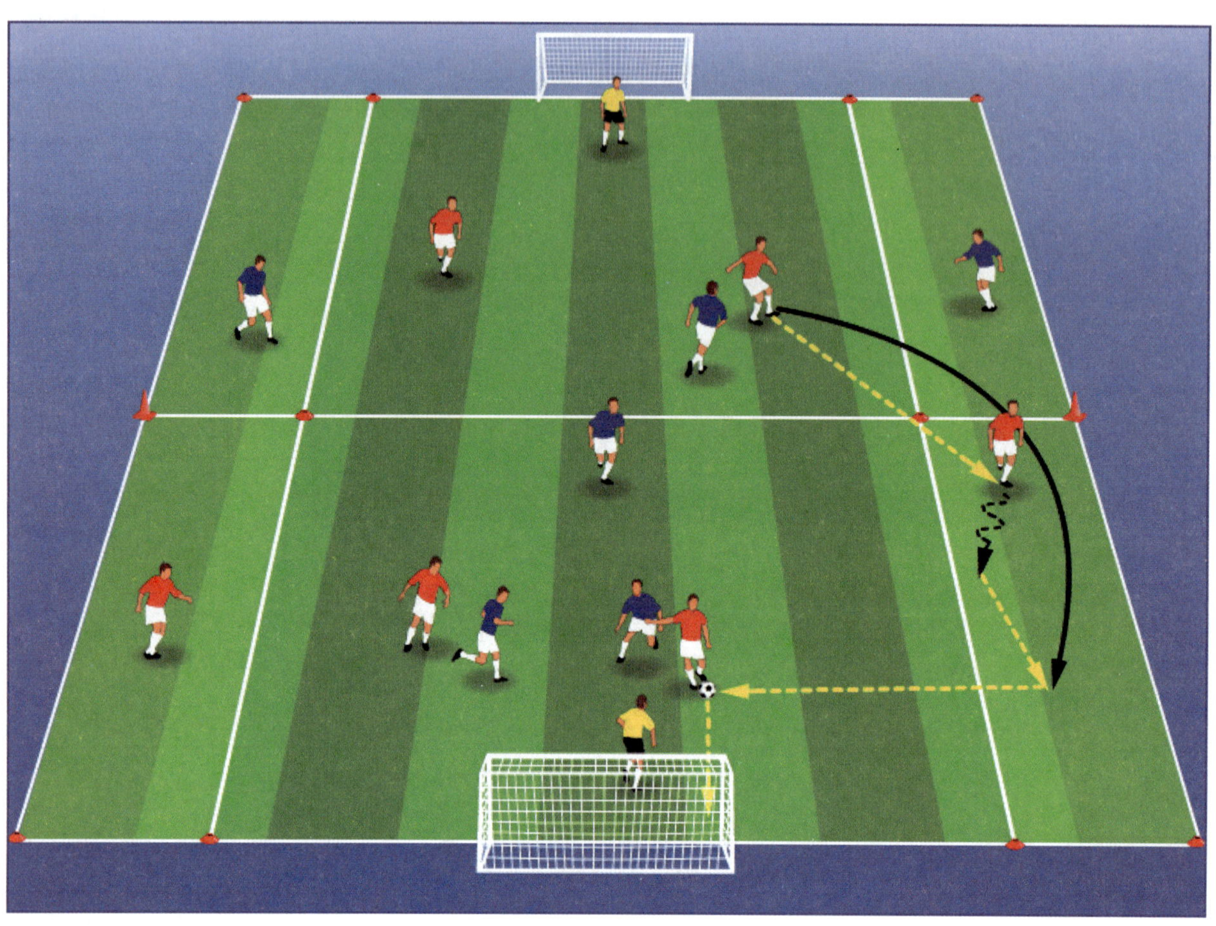

练习简介

1.在40码×30码的场地内进行7对7比赛。每队有2名队员在两个边路区，只有场内队员与边路区队员进行背套跑位后传中才能射门进球得分。

2.传球队员与背套队员交换位置回到场内，背套队员留在边路区。

练习变化

在边路区的对方队员可主动防守形成2对1的背套场景。

教学要点

1.边路区队员应带球内切以创造背套跑位所需的空间；

2.传球应传向队友身前以便其一脚出球传中。

练习 5 自由小场比赛 20分钟

首要技术目标：传高球与横传

协调性训练目标：判断球的反弹路线、动态平衡、临场反应与快速

次要技术目标：有方向性地接控球

战术目标：盯人、创造空当与背套插上

训练时长：85–100分钟

为了预防伤病我们建议以综合性运动机能练习来开始训练。

练习1 低平球传中至禁区并射门 10分钟

练习简介

1.禁区外侧的队员接球后带球至底线附近并传中给禁区内包抄的两名队友并射门；

2.禁区两侧都进行练习，多次交换队员角色；

3.此练习可作为比赛进行，进球多的球队获胜。

练习变化

1.传球到边路队员的前方，让他跑动中传中，而不是带球传中；

2.原地传中。

教学要点

1.传球与跑位应注意时机，以便射门队员不减速射门；

2.第一脚传给外侧队员的球应传至他的跑动路线上，从而不影响他的前进路线和速度。

练习 2 传球、带球与快速反抢

5–10分钟

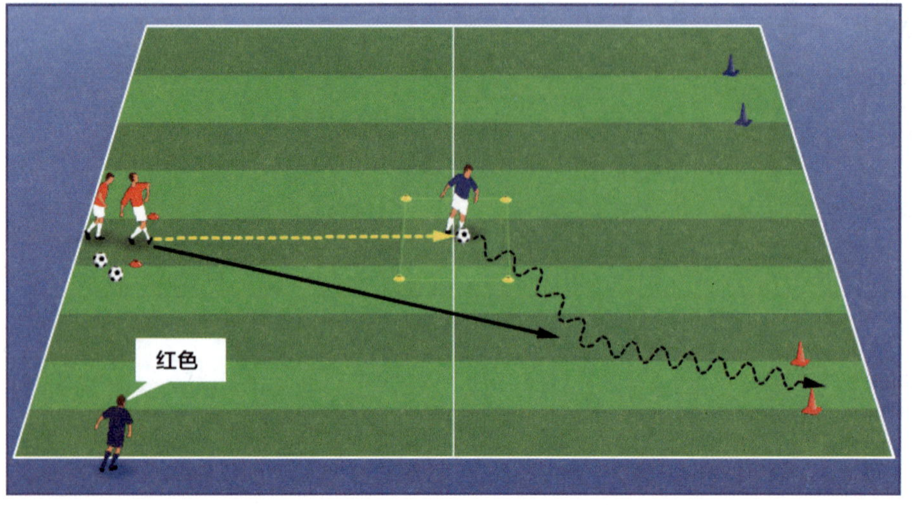

练习简介

1.红队队员将球传入矩形区域；

2.蓝队队员控球并带球通过教练员所喊出颜色的标识桶门（如图所示教练员喊“红色”）；

3.红队传球队员成为防守队员，蓝队队员需在红队队员拦截之前带球通过标识桶门。

练习变化

红队队员的传球可以是掷界外球的方式。

教学要点

1.以侧身展开半转身的姿势接球；

2.接球队员应对教练员喊出的口令快速反应。

练习 3 移动目标练习传接球

20分钟

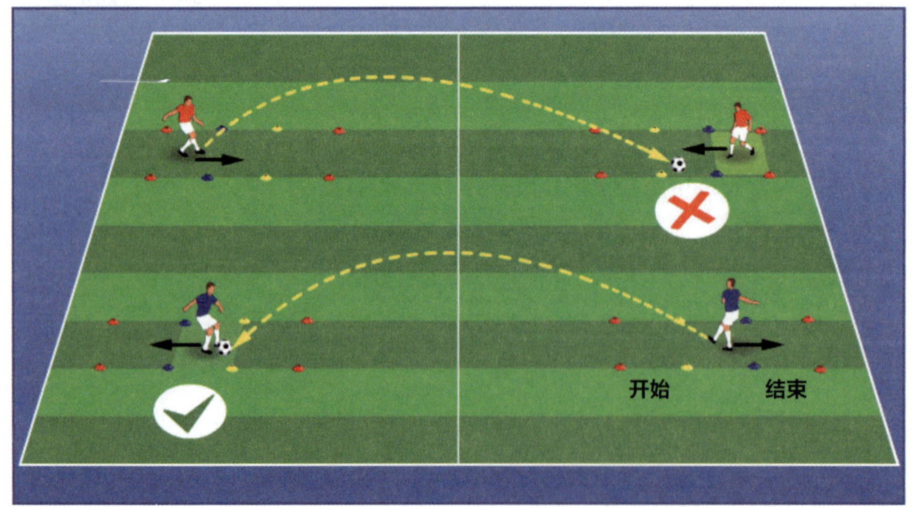

练习简介

1.用不同颜色的标识盘分出三个区域，队员如图所示站立；

2.起始位置可以是前区或后区；

3.队员之间互传高球，成功的传球应是传入并被控制在接球队员所在的区域内；

4.成功传球后，队员移动进入下一个区域；

5.率先进入最后一个区域并完成所有传球的2名队员为球队得1分。

练习变化

1.用同一只脚传接球；

2.用双脚传接球；

3.用胸部停球。

练习4　边路与禁区内的2对1比赛　20分钟

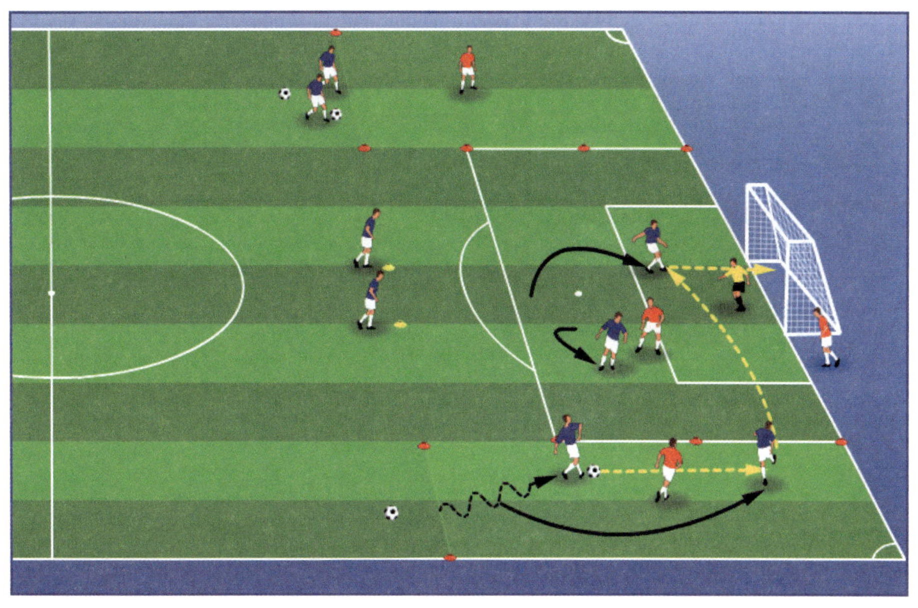

练习简介

1.制造两个2对1的局面，边路队员的任务是传中；

2.禁区内防守队员的任务是在进攻方传中前确定盯防对象；

3.传中队员应尽量将球传给无人盯防的队友。

练习变化

1.边路两名进攻队员进行背套；

2.禁区里增加一名防守队员以形成2对2的局面。

练习5　7对7小场比赛中的传球、传中与射门　20-25分钟

练习简介

1.每队中各2名队员在两个边路区，他们不能被逼抢，可以自由传中；

2.边路传中球进球得3分。

练习变化

1.传给边路区内队员后，传球队员可向前跑背套插上传中；

2.传球队员进入边路区后对方的那名队员即可以进行防守，形成2对1的局面。

练习6　自由小场比赛　20分钟

CHAPTER 5

第 5 章　射门训练单元

训练课 05

训练课 06

训练课 07

训练课 08

训练课 09

首要技术目标：射门

协调性训练目标：单脚平衡与惯用脚灵活性

次要技术目标：2过1配合与弱势脚射门

战术目标：创造空当，跑位与施压

训练时长：85-100分钟

为了预防伤病我们建议以综合性运动机能练习来开始训练。

练习1 2过1配合与射门 10分钟

练习简介

1.两队队员在完成2过1配合后射门得分的练习；

2.队员1将球传入矩形区域，队员2回撤进入矩形区域；

3.队员2一脚出球传球至队员1的跑动路线上，队员1射门；

4.进球多的球队获胜。

练习变化

1.传高球至矩形区域，用手接球进行空中传递后，插上队员凌空抽射；

2.变化接球队员的角度与方向。

教学要点

1.保证传球精度与力度；

2.把握好传跑的节奏与时机是关键。

练习2 射门所需要的平衡感、灵活性与柔韧性 10分钟

练习简介

1.球员需站立在平衡器械上保持平衡；

2.首先，单腿侧面摆动一次，然后改变摆动方向前后摆动；

3.这个练习主要锻炼臀部灵活性与单脚站立时下肢的平衡感。

练习变化

在没有平衡器械的情况下，此练习也可在地面上完成。

教学要点

1.教练员演示这个练习使用的正确技巧；

2.这个练习的目的是为放松臀部关节与锻炼柔韧性、灵活性。

练习3 七个位置射门 15–20分钟

练习简介

1.队员从七个不同位置并在球静止的情况下射门；

2.红色标识盘处用左脚射门；

3.黄色标识盘处用右脚射门；

4.蓝色标识盘处用惯用脚射门；

5.两个球门前同时开始练习。

练习变化

1.带球后射门；

2.颠球后凌空抽射；

3.颠球后半凌空抽射。

教学要点

1.注意射门技巧与弱势脚射门时的身体位置和姿势；

2.球员应根据射门角度的不同而用到脚的不同部位。

练习 4 冲刺与转身射门 20分钟

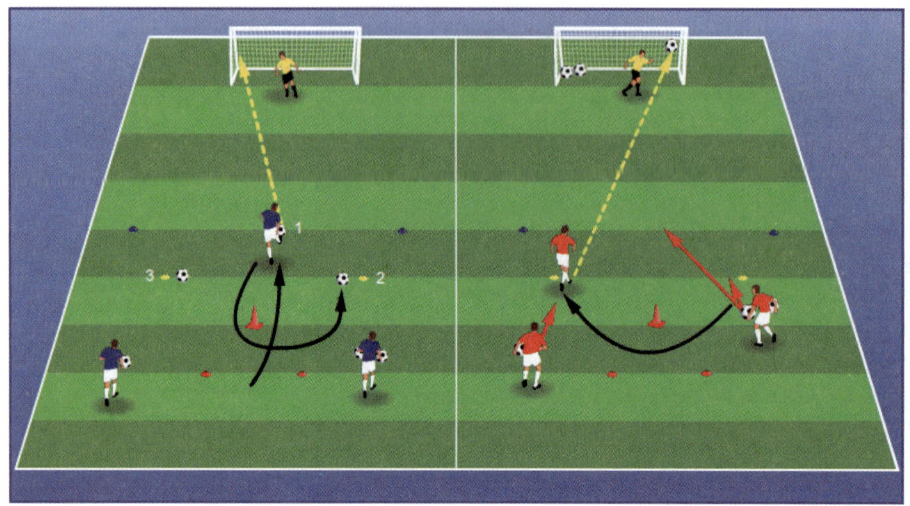

练习简介

1.两队队员分别进行3次连续射门，在规定时间内进行比赛；
2.队员首先绕过标识桶跑向距离球门最近的球并射门；
3.之后绕过标识桶并射出右侧的球；
4.最后绕回射出左侧的球；
5.第一名队员射门时，第二名队员快速再拿3颗球摆放至相应位置；
6.每队总共只有9颗球，因此队员需快速将球捡回。

练习变化

将球放置在标识桶上射门。

教学要点

1.球员应双脚都用；
2.射门时球员应背部挺直，头部高出球。

练习 5 区域"射门奖励"、7对7小场比赛 25分钟

练习简介

进行一场7对7比赛。
1.队员只能带球进入球门区后传球给队友射门；
2.进球后，该队可获得3次在射门线后原地射门的机会；
3.射门队员需轮换。

练习变化

队员在至少完成7脚连续传递后射门。

练习 6 自由小场比赛 20分钟

首要技术目标：射门

协调性训练目标：单脚平衡

次要技术目标：接球、凌空抽射与传中

战术目标：创造空当

训练时长：85–100分钟

为了预防伤病我们建议以综合性运动机能练习来开始训练。

练习1　跑动中颠球与射门　10分钟

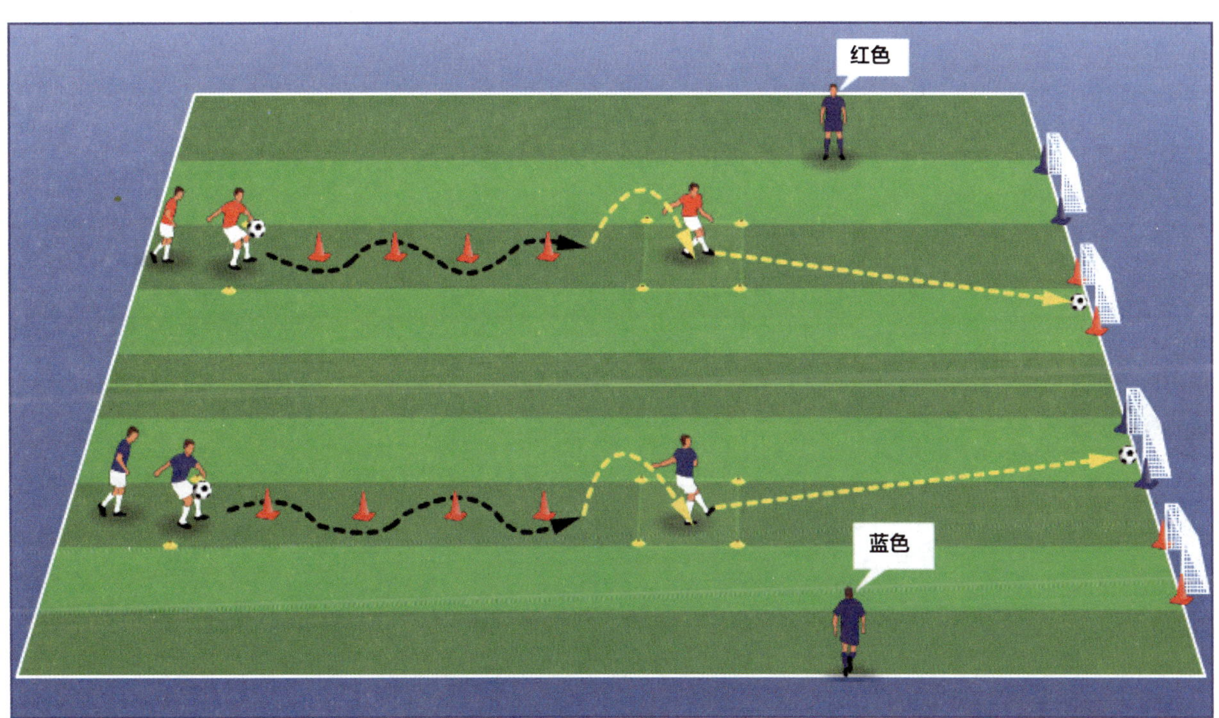

练习简介

1.队员颠球绕过标识桶后搓球进入接球区域（矩形区域）；

2.控球后，队员射出低平球（地面球）；

3.队员射门时听从教练员的指令（蓝色球门或红色球门）。

练习变化

1.用大腿颠球；

2.仅用一只脚颠球。

教学要点

1.本次训练关注的是射门精度而非力度；

2.抽射前的搓球应尽量高，并落点在前方跑动的路线上以便射门。

练习2 身体协调性、平衡感与射门 10分钟

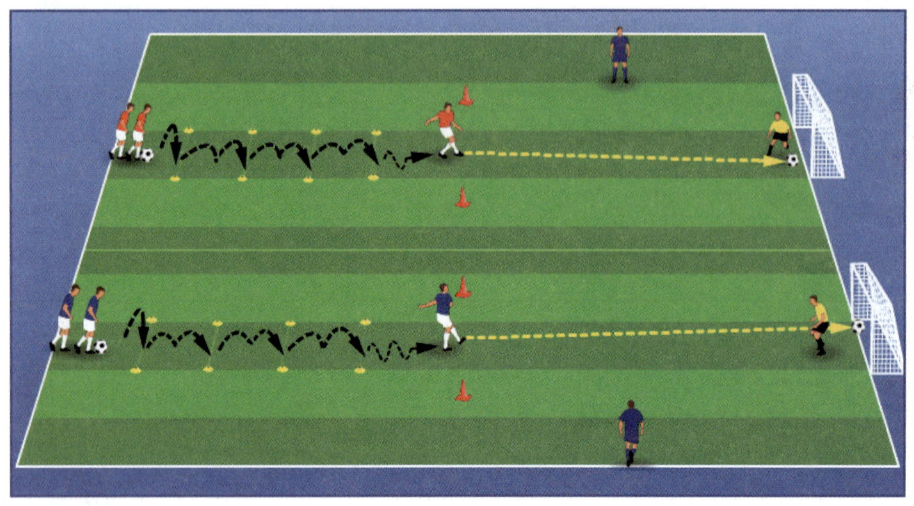

练习简介

1. 在这个协调性练习中，队员应该注意支撑脚的位置、弹地和变向时蹬地；
2. 队员带球跑，注意每次助力脚与标识盘在一条线上；
3. 射门得分结束练习；
4. 建议此练习安排3人或4人的两队比赛。

练习变化

用弱势脚射门。

教学要点

1. 追求快速而灵敏的变向；
2. 球员在向前射门时应减小步幅。

练习3 弧线跑后凌空抽射 15-20分钟

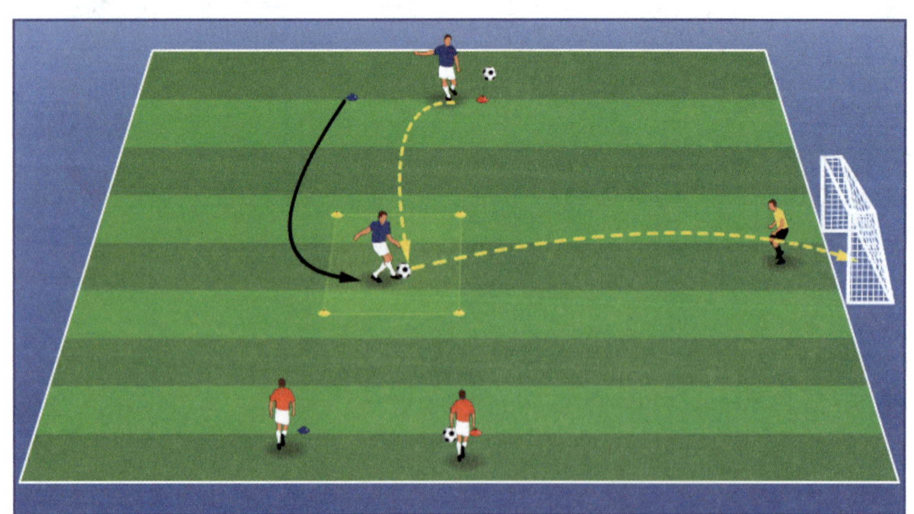

练习简介

1. 第一名队员绕中场后方弧线跑向矩形区域；
2. 第二名队员搓球进矩形区域，第一名队员用脚背凌空抽射；
3. 射门队员上前捡球并跑至场地另一侧排队；
4. 两队队员交换进行此练习。

练习变化

胸部停球并进行凌空或半凌空射门。

教学要点

1. 球员需始终注视球的飞行轨迹直到它落在脚边；
2. 球员应尝试用双脚所有部位、大腿、胸部及头部控球。

练习 4　防守压力下的传中射门　20分钟

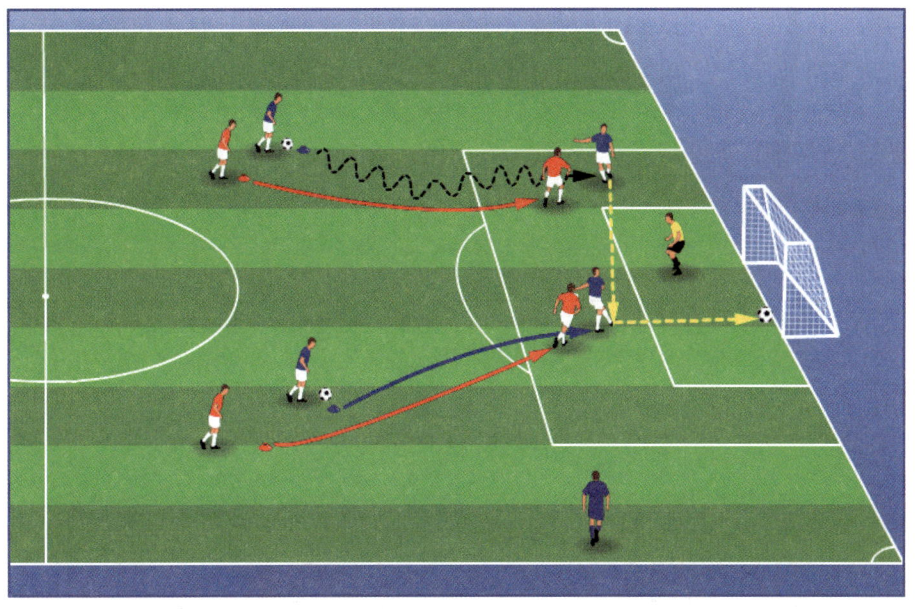

练习简介

1.蓝队队员进攻，红队队员在后方由不利位置开始回防防守；

2.蓝队队员在来自后方的紧逼压力下横传与射门。

练习变化

1.在禁区侧边进行静态传中，红队队员和蓝队队员同时跑向球，得到球的队员进攻射门；

2.传低平球。

教学要点

1.在1对1带球中获胜需要良好的人球结合能力；

2.进攻方需要把握良好的跑动时机，从而能在第一时间射门。

练习 5　3对3比赛中快速射门　20分钟

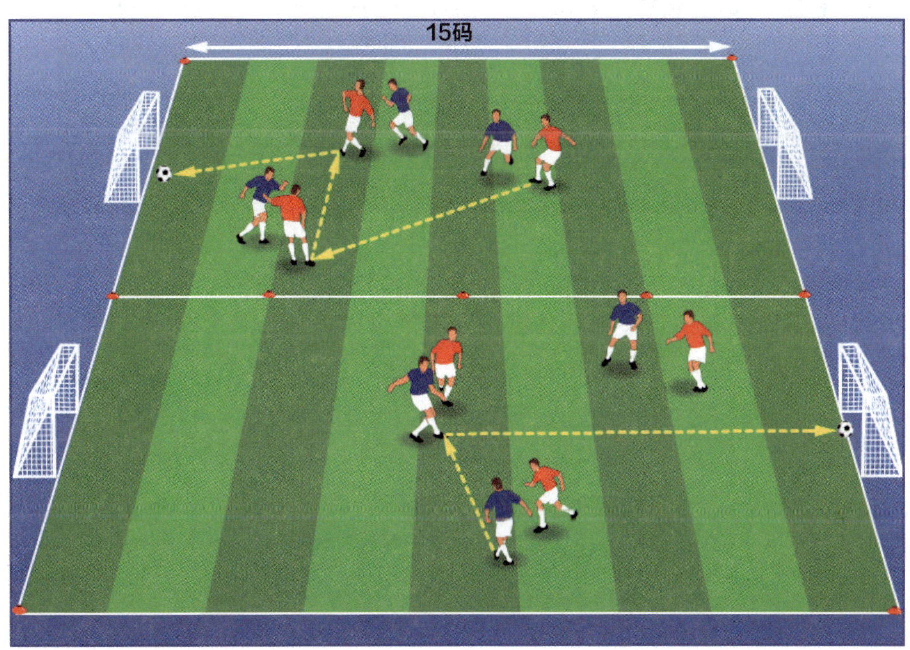

练习简介

1.在15码长的小场地内进行3对3比赛，目标为尽可能多地射门得分；

2.唯一规则是在射门前必须有传球。

练习变化

1.必须是一脚射门进球得分；

2.必须经过2过1配合才能射门。

练习 6　自由小场比赛　20分钟

首要技术目标：射门

协调性训练目标：平衡感与快速性

次要技术目标：技巧性射门、精准射门、传球与传中

战术目标：创造空当

训练时长：85–100分钟

为了预防伤病我们建议以综合性运动机能练习来开始训练。

练习1 技巧性射门 10分钟

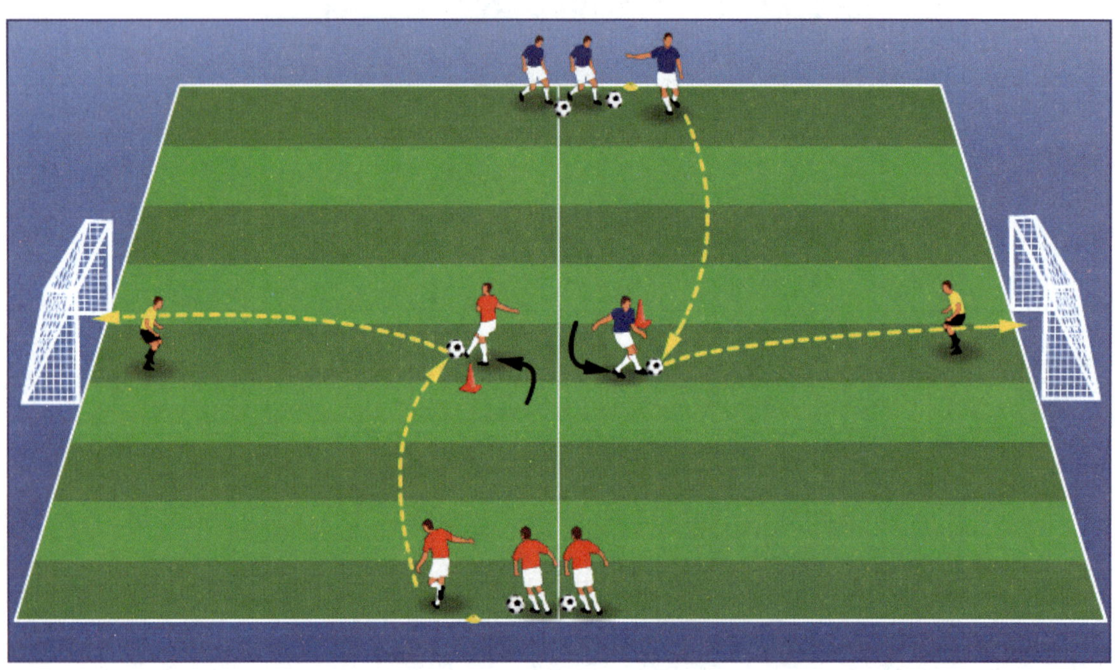

练习简介

1.将球员分为两队，每队有一名队员不持球站在标识桶附近，其余队员持球站在场地一边；

2.练习由传高球给标识桶旁的队员开始，该队员接球后用脚进行半倒钩射门，结束后捡球排到球队后面，传球队员顶替到标识桶旁，轮流进行此练习；

3.进球数较多的球队获胜。

练习变化

1.用左脚半倒钩射门；

2.倒钩射门；

3.胸部停球并凌空抽射。

教学要点

1.传球精度与高度是射门队员能否进行技巧性射门的关键；

2.球员需紧盯球，判断球点从而成功完成倒钩射门。

练习 2　协调性与快速射门　10分钟

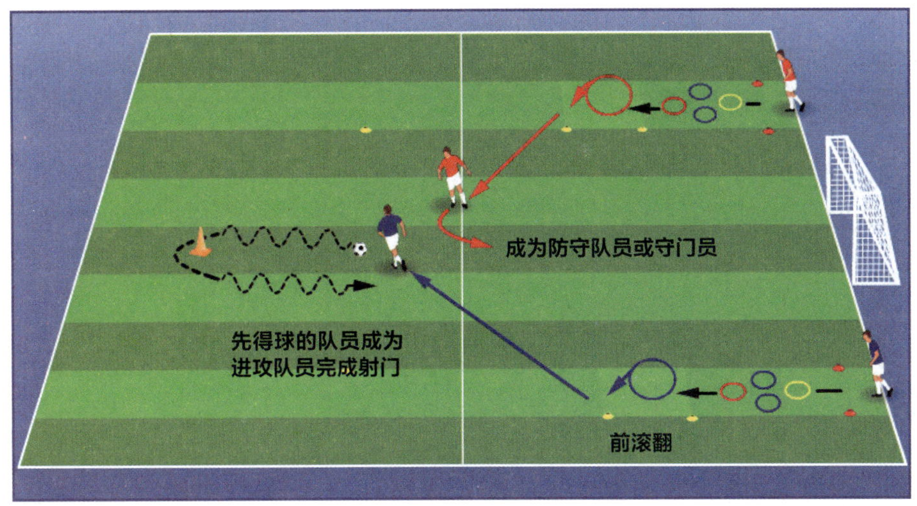

练习简介

1.队员单脚或双脚跳过训练环再前滚翻并向球冲刺；

2.先得球的队员带球绕过标识桶后射门，另一名队员成为守门员。

练习变化

侧手翻而非前滚翻。

练习 3　一次触球射门　15-20分钟

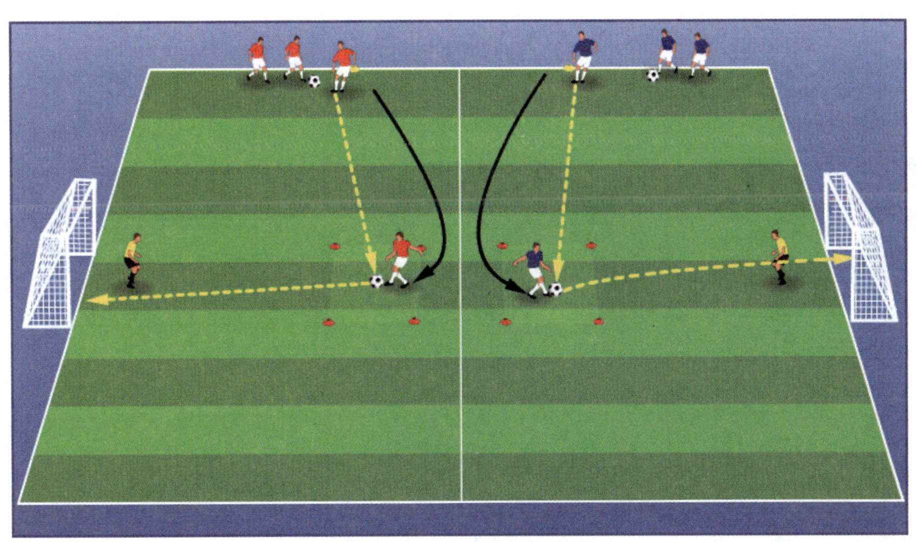

练习简介

1.第一名队员弧线跑进矩形区域，同时第二名队员向矩形区域传球，前者第一时间射门；

2.射门用脚内侧，传球需是低平球；

3.在场地另一侧同时训练。

练习变化

1.搓传球与头球射门；

2.搓传球与跑动中半倒钩射门；

3.搓传球与跑动中倒钩射门；

4.搓传球与胸部停球并凌空抽射。

练习 4 边路2对1与禁区内1对1 20分钟

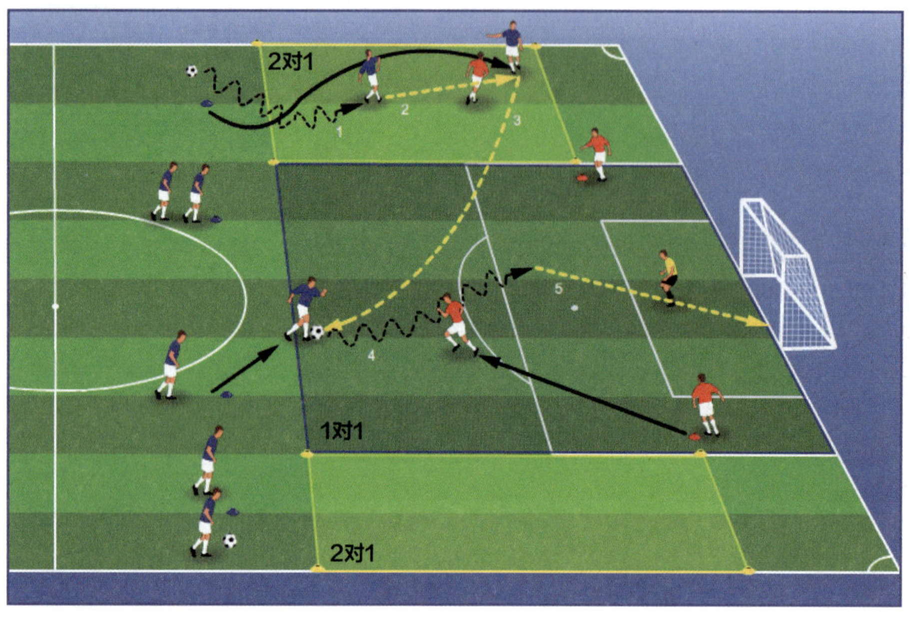

练习简介

1.蓝队队员分别站在四个点，红队队员分别站在两个点；

2.蓝队队员跑位在边路获得2对1优势，目标为利用边路套上后传中给中间的队友，一名红队队员进行消极防守；

3.红队队员在1对1区域主动防守，蓝队队员尝试摆脱并射门得分。

练习变化

防守队员在2对1区域主动上抢防守。

教学要点

1.队员在1对1时应尽快起脚射门；

2.使用假动作或快速移动以获得射门空间。

练习 5 4对4小场比赛中的1对1盯防 20分钟

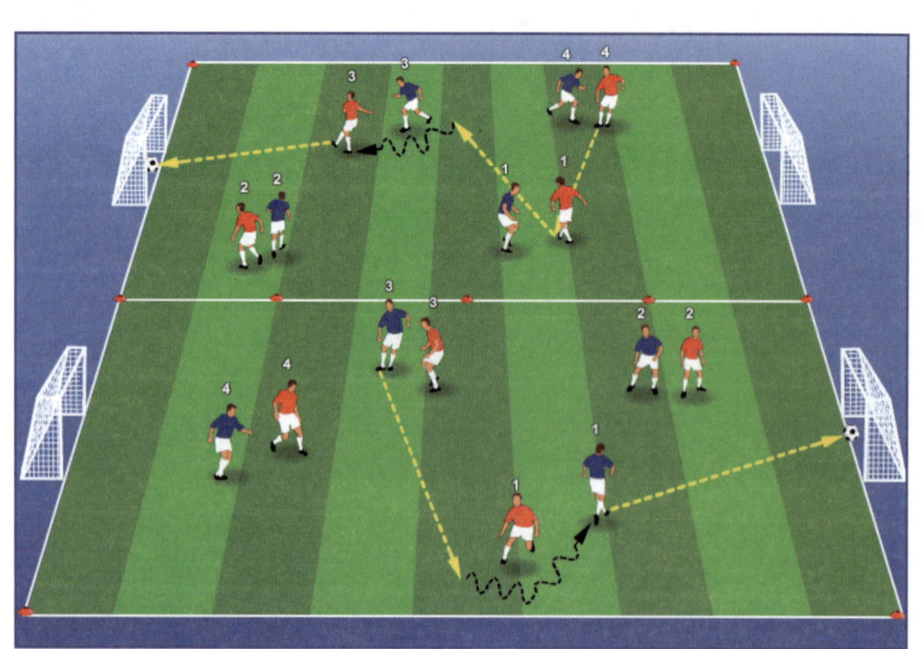

练习简介

1.进行4对4比赛；

2.每名队员需盯防对方一名队员，若进攻队员过掉防守队员，则该名队员可以自由射门，不能再有其他防守队员进行拦截。

练习变化

在球场上标记出规定的射门区域。

练习 6 自由小场比赛 20分钟

首要技术目标：射门

协调性训练目标：平衡、灵敏、空间感、调整、转化

次要技术目标：接球与精准射门

战术目标：创造空当

训练时长：85-100分钟

为了预防伤病我们建议以综合性运动机能练习来开始训练。

练习1　接界外球精准射门　10分钟

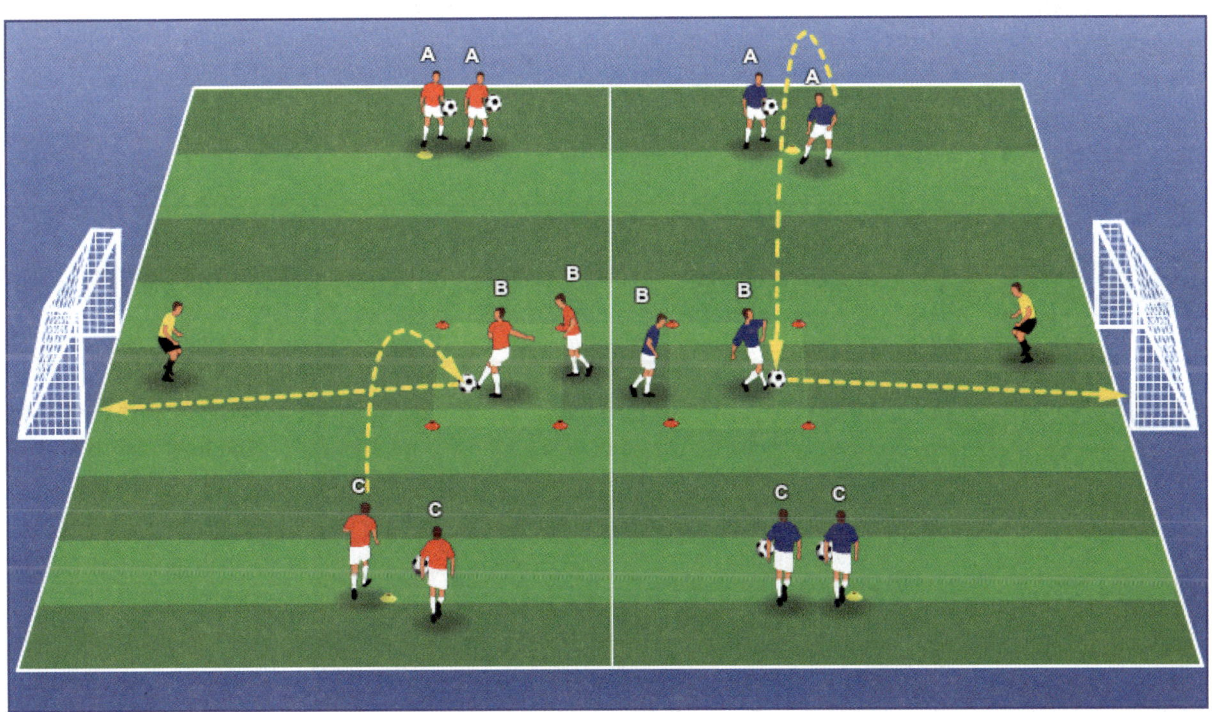

练习简介

1.每队拥有6名队员；

2.队员A掷界外球给站在矩形区域内的队员B，后者用脚内侧射门；

3.在训练中应根据教练员指示用到双脚的所有部位。

练习变化

胸部停球并射门。

教学要点

1.在本次练习中，球员应关注射门精度而非力度；

2.球员需站在矩形区域内的射门点上射门；

3.由于球员是站立接球射门，因而掷球的精度与高度十分重要。

练习 2 协调性循环练习并结合射门

10分钟

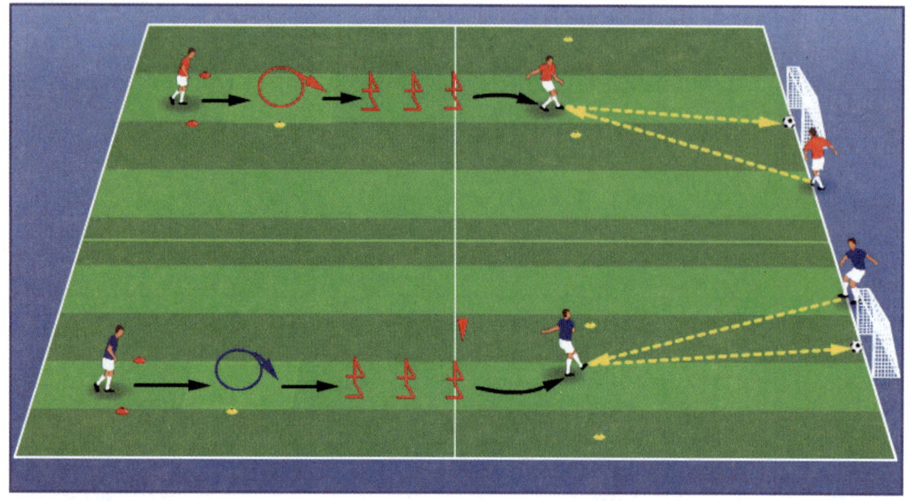

练习简介

1.队员前滚翻后跳过栏架，之后跑向球并一脚出球射门；

2.两队比赛，进球较多的球队获胜。

练习变化

搓传球与凌空抽射。

教学要点

1.良好的节奏与平衡感对于从前滚翻到跳过栏架的连续十分重要；

2.球员在跑向球射门时应小步前进，从而更好地控制射门。

练习 3 传接球与轮转射门

15–20分钟

练习简介

1.第一名队员传球给第二名队员，后者将球传给在中场等待的第三名队员，该队员绕过第一个标识桶后，轻微向前趟球并顺势射门；

2.下一名队员从第二个标识桶处射门，以此类推；

3.队员应用双脚完成所有标识桶处的射门；

4.队员在原处完成动作后都顺势移动到下一个练习点。

练习变化

1.不向前趟球，带球跑至标识桶处；

2.给每个标识桶标记数字，并指定每名队员在相应数字的标识桶处射门。

练习 4　冲刺、变向与射门　　20分钟

练习简介

1.球员被分为两队，每队一名队员同时开始；

2.第一名队员绕过地上的训练杆后向球冲刺；

3.教练员喊出代表不同球门的颜色，先将球射入该球门的队员为本队赢得1分。

练习变化

1.使用训练环而非训练杆；

2.教练员用视觉标识指示要将球射入的球门，比如举起红色标识桶。

练习 5　7对7控球赛与射门　　20分钟

练习简介

1.一队7名队员，目标是在中心区域保持控球并完成5次传球；

2.达到指定传球次数后，最后一名队员接球并在无对手逼抢之下射门；

3.注意射门需要在中场区完成。

练习变化

1.改变最低传球次数；

2.手脚并用保持控球。

练习 6　自由小场比赛　　20分钟

首要技术目标：射门

协调性训练目标：平衡、快速、应变、调整与转化

次要技术目标：带球跑

战术目标：创造空当

训练时长：85–100分钟

为了预防伤病我们建议以综合性运动机能练习来开始训练。

练习1 带球射门后转身接球再次射门 10分钟

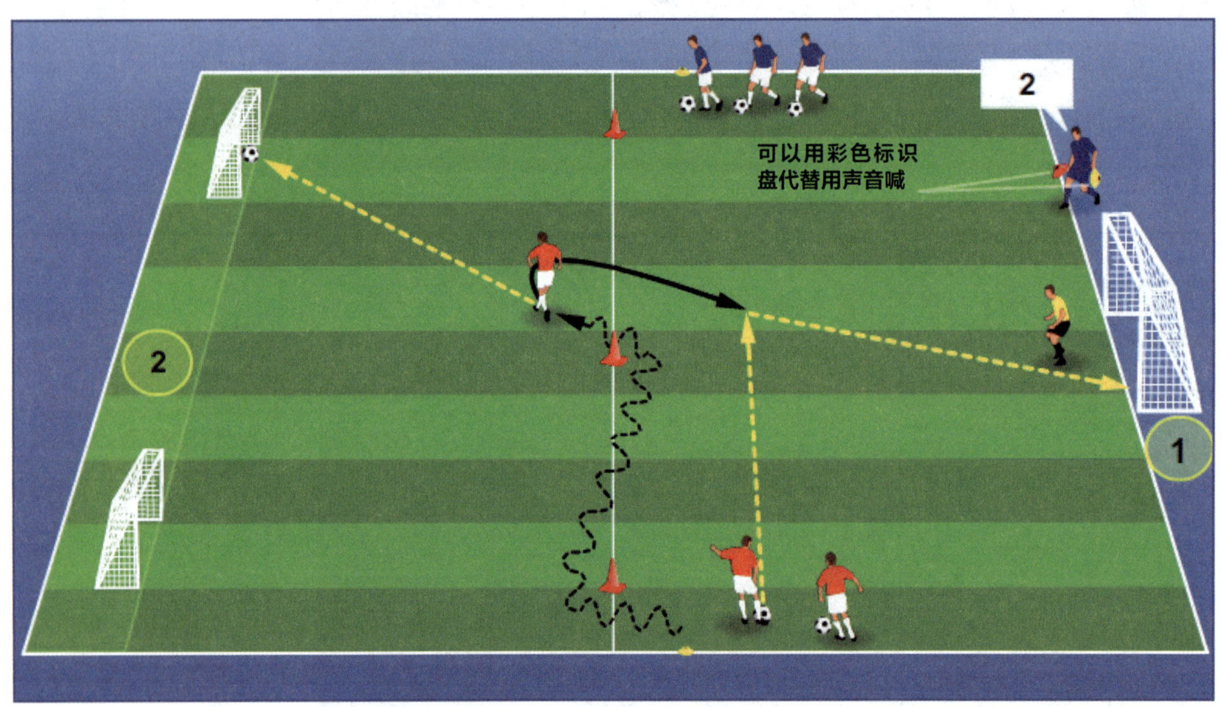

练习简介

1.队员带球绕过标识桶后，教练员喊出数字1（表示大球门）或数字2（表示小球门），队员据此选择球门射门；

2.队员射入小球门需要精准，射入大球门则要面对守门员；

3.然后这名队员接队友的传球，射另一个球门（如之前射的是小球门，接下来就射大球门）；

4.练习应在球场两侧交替进行。

练习变化

用标识盘而非声音指示（如图所示教练员手持的彩色标识盘）。

教学要点

1.此练习应在快节奏下完成；

2.球员应先快速带球跑，之后减速柔和地触球以绕过标识桶，最后射门；

3.传球力度应适当并且传到队友的前方以便其舒服地得球并射门。

练习 2 速度与灵敏训练并结合射门比赛 10分钟

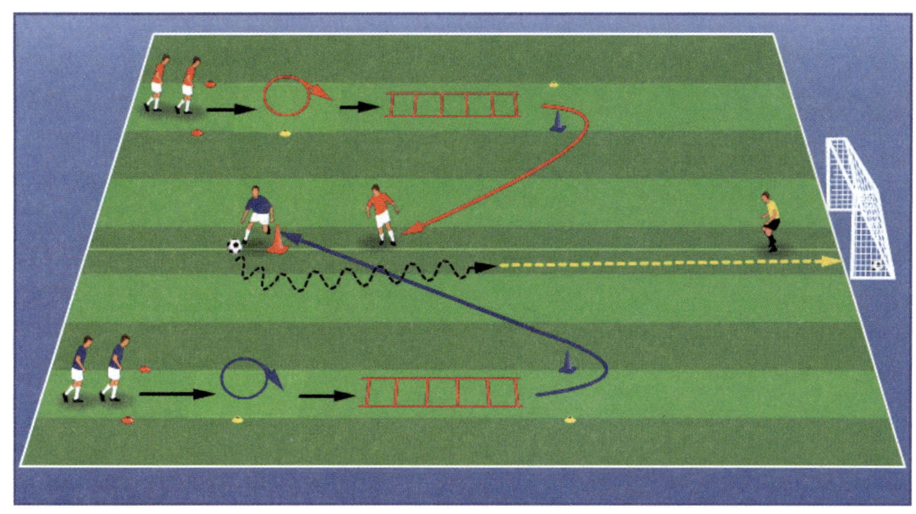

练习简介

1.两队各一名队员前滚翻并交叉步（左脚落在右侧，右脚落在左侧）通过绳梯；

2.两队队员都需绕过标识桶并快速跑向球；

3.率先得到球的队员进行射门，另一名队员成为防守队员（1对1+守门员）。

练习变化

1.再给一个球；

2.用训练环代替绳梯；

3.侧滚翻而非前滚翻。

练习 3 “瞄准死角”精准射门 15–20分钟

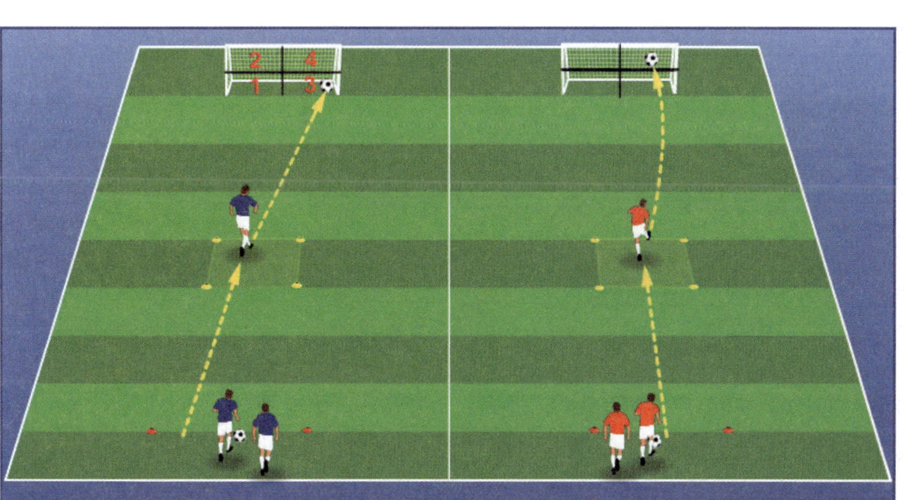

练习简介

1.每队一名队员传球至矩形区域后追球射门；

2.射门需在矩形区域内完成；

3.使用胶带将球门分为四个区域，队员喊出1、2、3或4并将球射入对应区域得1分。

练习变化

1.由教练员喊出射入球门哪一角；

2.给自己的传球可以是传高球。

教学要点

1.传球的精度、力度对于成功地在矩形区域内完成射门十分重要；

2.球员应冲刺向前，之后在射门前减小步幅并减速以调整步伐。

练习 4　背身跑、带球与射门　20分钟

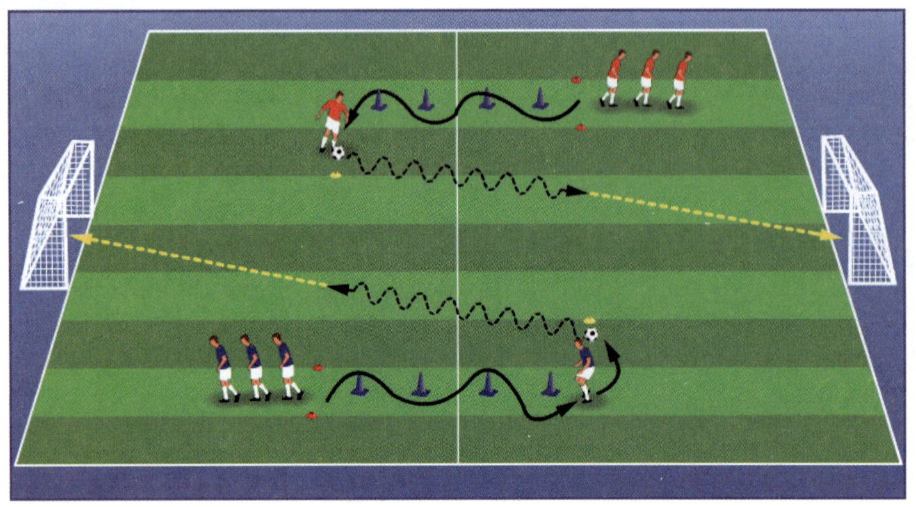

练习简介

1.队员背身向后绕标识桶跑至最后一个，转身向球冲刺；

2.然后队员带球跑向对面的球门并射门；

3.每次两名队员同时出发，率先进球的队员得3分，另一名队员进球后得1分。

练习变化

1.改为1对1，面对守门员射门；

2.正面向前或侧身跑穿过标识桶。

教学要点

向后跑时，球员应减小步幅控制身体平衡。

练习 5　6对6比赛中的精准射门　20分钟

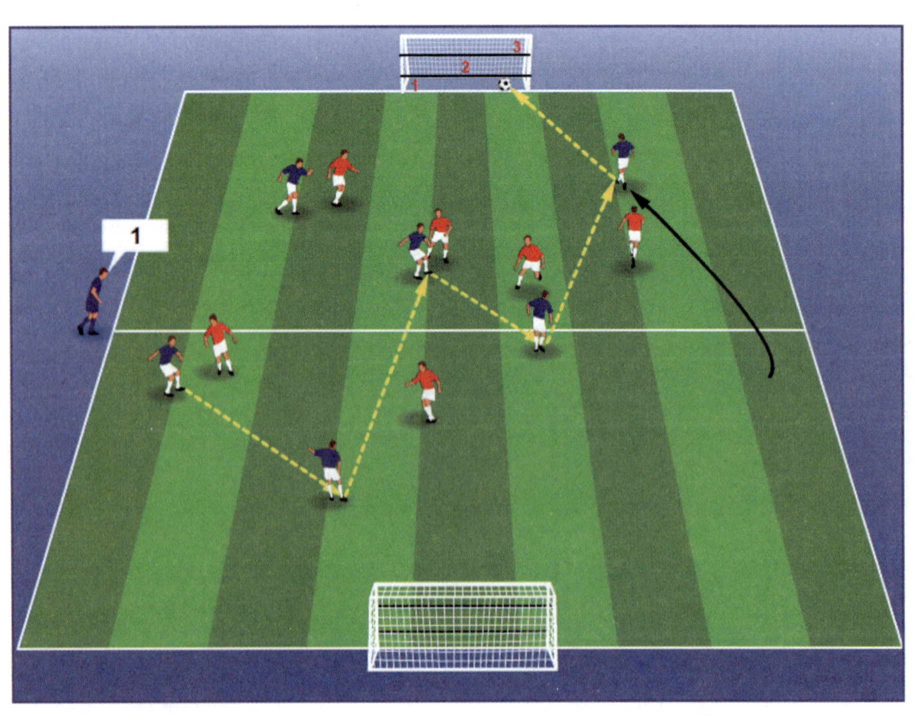

练习简介

1.队员进行常规的6对6比赛，但不设守门员；

2.用胶带将球门平分为三块区域；

3.只有将球射入教练员喊出的区域，进球才算有效；

4.教练员会持续喊出不同的射门区域。

练习变化

1.不同区域设定不同得分；

2.如果将球射入错误的区域，罚点球或对方得1分。

练习 6　自由小场比赛　20分钟

首要技术目标：抽射

协调性训练目标：单脚平衡、快速、落脚与判断球路

次要技术目标：带球跑与定向接球

战术目标：拦截进球与假动作

训练时长：85–100分钟

为了预防伤病我们建议以综合性运动机能练习来开始训练。

练习1　“瞄准死角”凌空抽射　10分钟

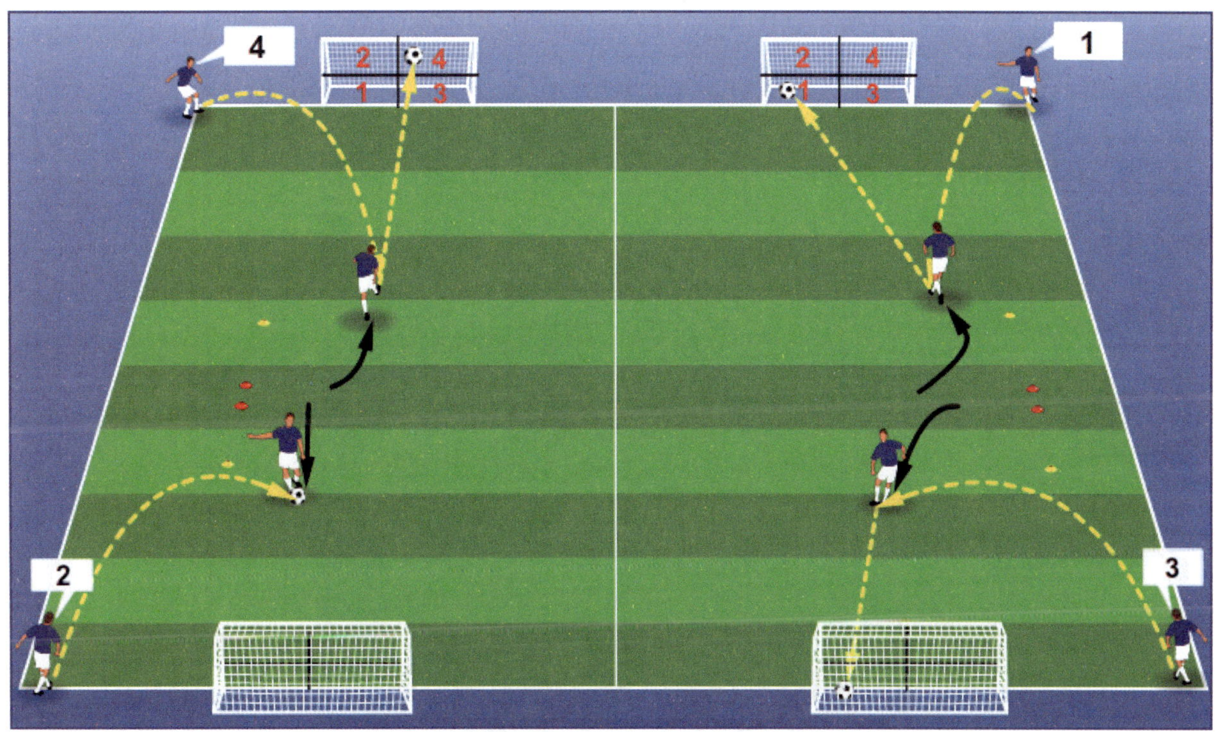

练习简介

1.球员被分为四队，每队队员站在一个球门的侧面（可使用小球门）；
2.第一名队员跑向标识盘，第二名队员搓球给他，然后凌空射门；
3.球门被胶带分为四个区域，在场边将球搓传入场的队员喊出一个数字，射门队员需瞄准对应区域进行射门。

练习变化

1.头球射门；
2.胸部停球并凌空抽射；
3.用脚内侧抽射；
4.用脚背抽射。

教学要点

1.传球的路线与精度对于接球队员向前跑动与抽射十分重要；
2.抽射时，球员应挺直后背并使头部高于球。

练习 2　速度训练与协调性接力比赛　10分钟

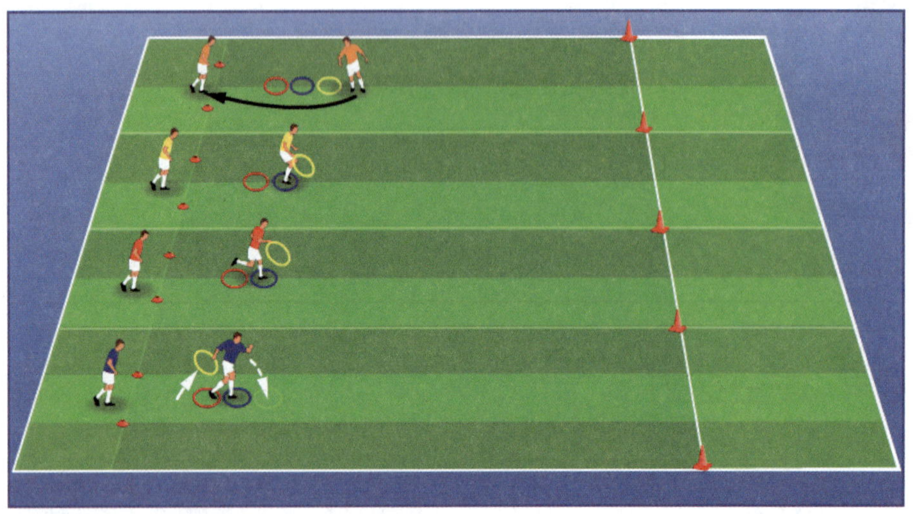

练习简介

1. 第一名队员捡起第一个训练环并单脚跳过其他训练环后将手中的训练环放在最前面，之后冲刺回到本队与第二名队员击掌，然而第二名队员重复之前的练习；
2.先将训练环排到终点线的球队获胜。

教学要点

1.应以比赛的形式进行此练习以提高接力速度；
2.这个练习能锻炼球员上下移动与变向的协调性。

练习 3　2过1配合、第三人跑位与射门　15–20分钟

练习简介

1.队员C与队员B做2过1配合并传球给队员A。
2.队员A有两种选择：
(1)传球给队员B，后者向前跑并射门；
(2)传球给队员C，后者向前跑并射门。

练习变化

1.队员A接球后护球，之后转身射门；
2.搓传球后抽射；
3.胸部停球后倒钩射门。

练习4　2过1配合与1对1　20分钟

练习简介

1.蓝队队员做2过1配合后向前带球；
2.红队队员向前跑动先消极防守拦截射门；
3.进攻队员做一系列假动作变向摆脱防守，创造空当以便射门；
4.可以进展为全力防守。

练习变化

加入另一名防守队员，形成1对2局面，如图②所示。

练习5　控球比赛中的快速进攻与射门　15–20分钟

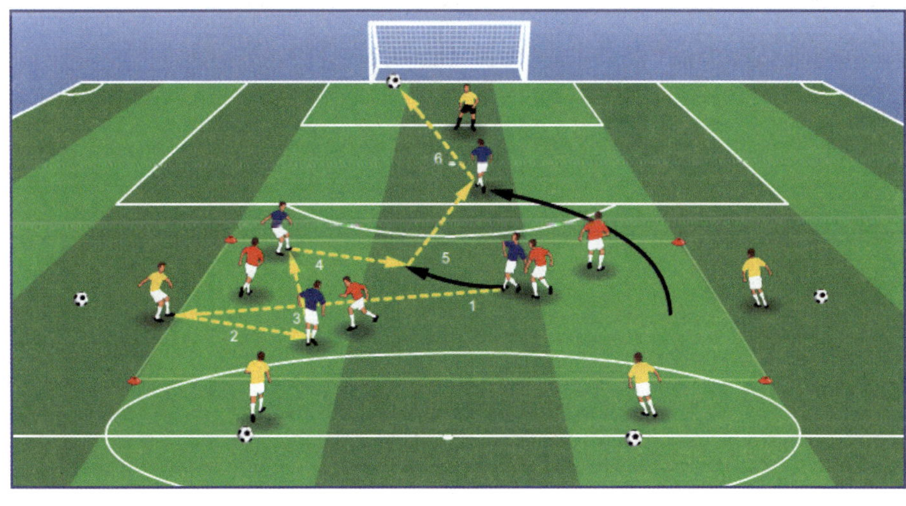

练习简介

1.将球员分为三队，在20码×20码的场地内有两队，每队4名到6名队员进行比赛，另一队作为中立方站在场外除球门外的三个方向（可为控球方传球，球需传回场内）；
2.控球方必须在第3次传球后射门；
3.如果3次传球之前便进球，该球视为乌龙球；
4.可不断交换场内两队与场外一队的角色；
5.在射门或传球时，球一旦出界便使用新球。

练习变化

只有经过2过1配合或2过1一脚直接射门进球，才算得分。

教学要点

1.正确的身体姿势（展开身体并半转身）与跑位对于观察出球路线十分重要；
2.最后一次传球的时机与跑位需协调一致。

练习6　自由小场比赛　20分钟

首要技术目标：抽射

协调性训练目标：单脚平衡、快速、支撑脚与判断球的弹行路线

次要技术目标：带球跑与方向性接球

战术目标：拦截进球与假动作

训练时长：85–100分钟

为了预防伤病我们建议以综合性运动机能练习来开始训练。

练习1 4对4比赛中的抛球、接球与凌空抽射 10分钟

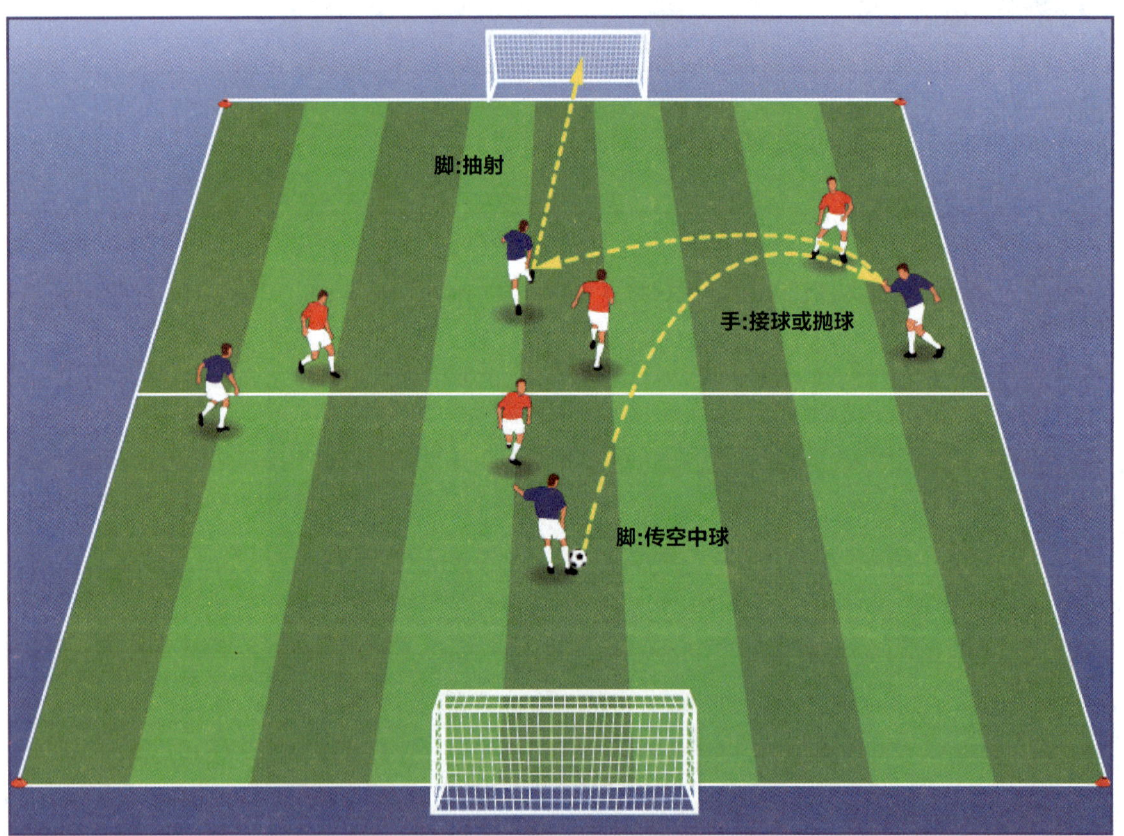

练习简介

1.进行一场比赛，先用手掷球或接球，然后用脚传空中球再用手接，依次交替进行，只允许凌空抽射得分；

2.也可用脚进行连续空中传递，一旦球触地，控球权转移给另一队；

3.如果一个进球是在两次连续用脚的空中传递后打入的，则该进球得分翻倍。

练习变化

1.只允许用脚射门得分；

2.只允许头球射门得分；

3.只允许技巧性射门得分。

练习 2　灵敏性循环练习与一次触球射门　10分钟

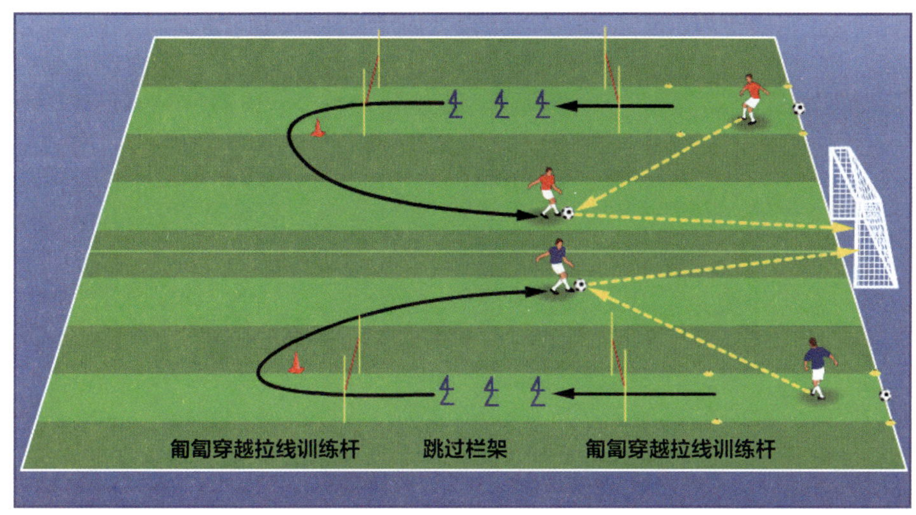

练习简介

1.队员无球跑动开始练习，从拉线训练杆下方匍匐穿越后，跳过栏架，匍匐穿越下一个拉线训练杆后，绕过标识桶跑向球门；

2.另一名队员传球给该队员射门。

练习变化

传球队员搓传球，射门队员方向性停球，等球弹地后进行半凌空抽射。

教学要点

1.跑位与传球需协调以保证进攻流畅；

2.跑动与射门前匍匐穿越、跳过标识都能锻炼球员的协调性。

练习 3　传接球与射门　15–20分钟

练习简介

1.队员A与队员B做2过1配合后将球传向中央，红队队员从场地一角向球冲刺；

2.红队队员控球后快速射门；

3.之后队员交换位置，从场地另一边用另一只脚重复此练习。

练习变化

1.传高球；

2.胸部停球后射门；

3.传高球，用脚底停球后射门；

4.传高球，用脚内侧停球后射门。

练习 4　3对4(+3)射门　20分钟

练习简介

1.在禁区外规定区域内3名防守队员与4名进攻队员进行比赛，还有3名中立队员在规定区域外，可为控球方传球；

2.进攻队员需利用己方人数优势跑位，制造射门空间。

练习变化

增加1名防守队员。

教学要点

1.接应队员的角度与距离对于持球队员来说非常重要；

2.传球与跑位的时机需要通过场上队员交流沟通达成一致，并且保证有质量的射门。

练习 5　有场外支援的7对7(+6)比赛　20分钟

练习简介

1.将球员分为三队。

2.其中两队进行7对7比赛，黄队为中立队处于场外，只在两种情况下，进球有效：

(1)进球来自黄队队员的传球或传中；

(2)必须1脚射门进球。

练习变化

进行一场手球比赛，进球只有在中立队员传球助攻入网的情况下才有效。

练习 6　自由小场比赛　20分钟

首要技术目标：射门

协调性训练目标：变化与快速

次要技术目标：传高球与掷球

战术目标：带球与防守球门

训练时长：85–100分钟

为了预防伤病我们建议以综合性运动机能练习来开始训练。

练习1 传球、掷球、搓球与精准凌空抽射 10分钟

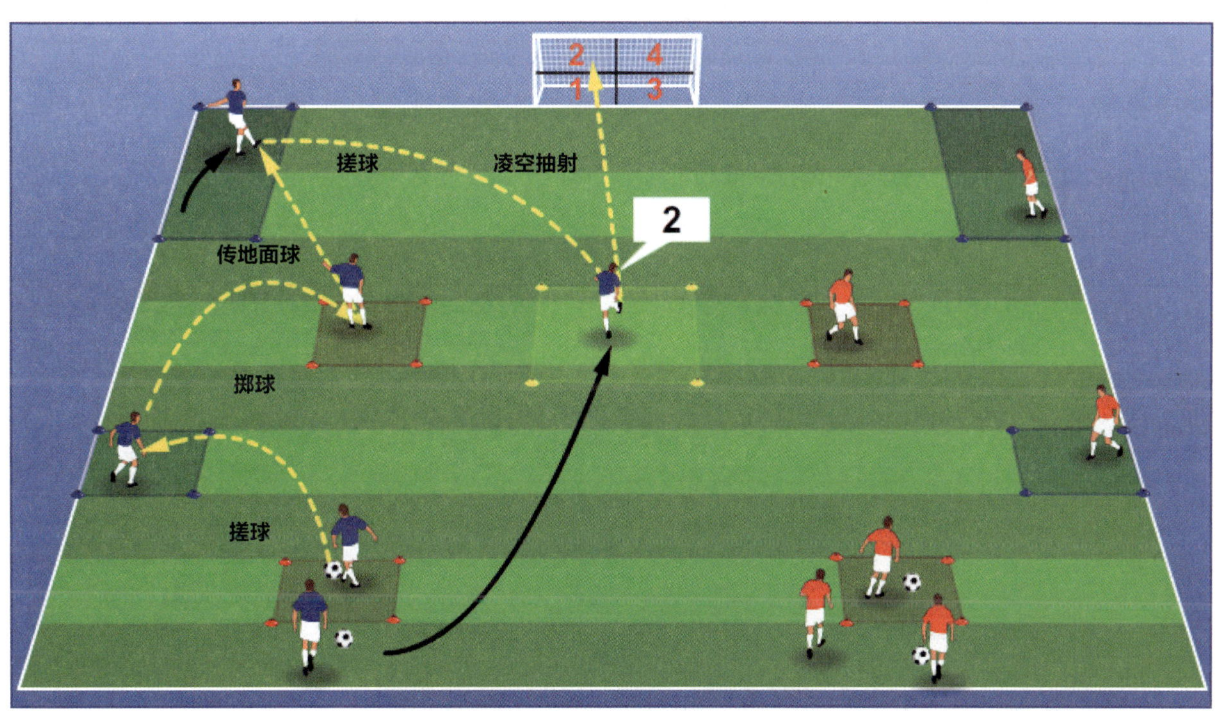

练习简介

1.同队队员做连续传球，第一脚为搓球传递，接着掷球传递，再地面传球，最后搓球传向中路矩形区域，第一名传球队员跑位向前进入中路矩形区域并跟上抽射；

2.传球需在矩形区域内完成；

3.队员射门时喊出想要射入的球门区域所对应的数字。

练习变化

1.头球攻门；

2.半凌空抽射；

3.胸部停球并凌空抽射。

教学要点

1.最后的搓传球与跑位时机配合一致非常重要；

2.此练习中的传球在年龄、水平允许的情况下可全部为搓传球。

练习 2 翻滚、带球与面对守门员射门 10分钟

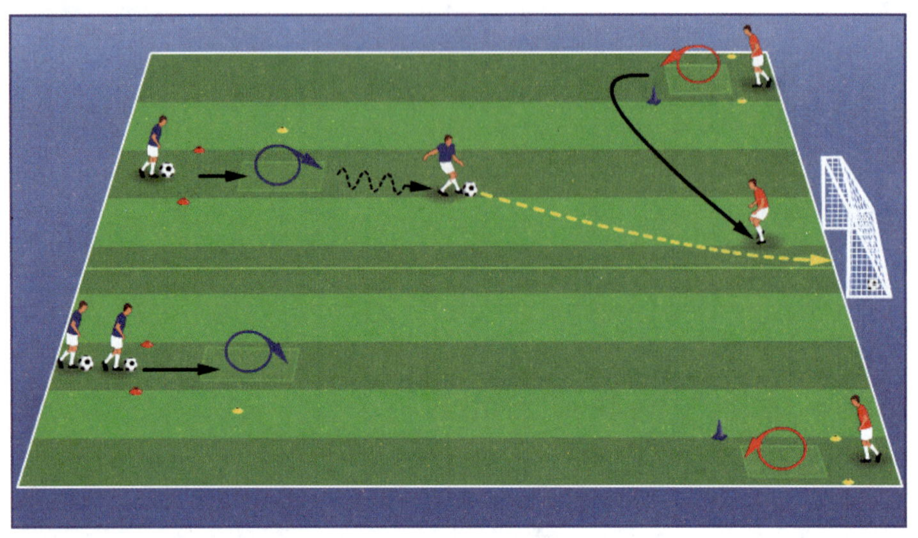

练习简介

1.蓝队队员带球至矩形区域做一个前滚翻并继续向前带球，最后射门；

2.红队队员做一个前滚翻，绕过标识桶，之后成为守门员并尝试阻止蓝队队员射门得分。

练习变化

用侧滚翻代替前滚翻。

教学要点

1.在前滚翻时，球员可以将球夹在两脚之间；

2.射门应尽量在守门员到位准备就绪前完成。

练习 3 点球 15–20分钟

练习简介

球员面对守门员踢点球。

练习变化

1.用弱势脚；

2.大力射门；

3.精准射门。

教学要点

1.射门时应将支撑脚落在球侧；

2.射门时球员应背部挺直，头部高于球。

练习4　1对2比赛（三个球门）　20分钟

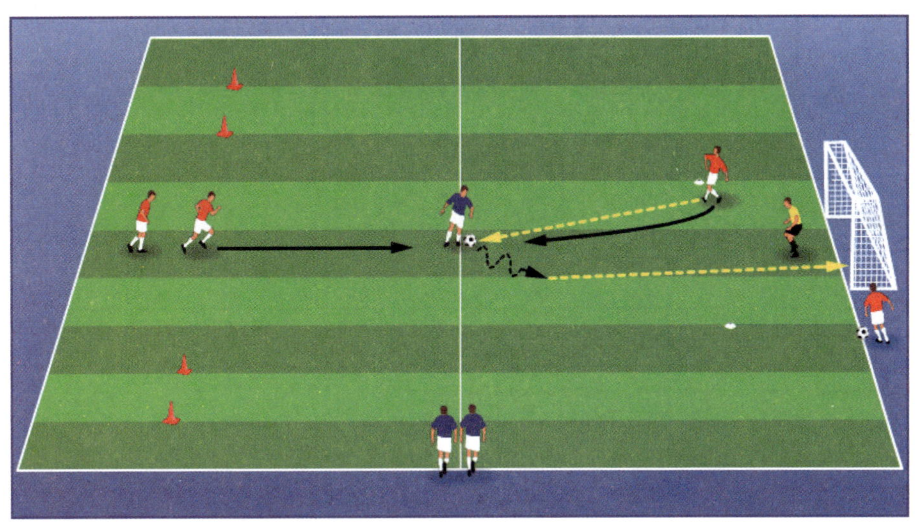

练习简介

1.蓝队队员站在25码长的场地中央，红队防守队员站在距进攻队员8码处；
2.一名正面防守队员传球给进攻队员之后，上前逼抢后者，另一名防守队员从反方向追抢；
3.进攻队员需晃过防守队员并面对守门员射门得分；
4.防守队员可以抢得球权后带球，最后射入两个标识桶门的任意一个得分。

练习变化

1.两名防守队员同时从后方追抢进攻队员；
2.增加防守队员间的距离，并传高球给场内进攻队员。

教学要点

接球队员应在第一次触球时就确定带球方向，并尝试在两名防守队员同时压上之前创造空当射门。

练习5　7对7射门比赛（六个球门）　15–20分钟

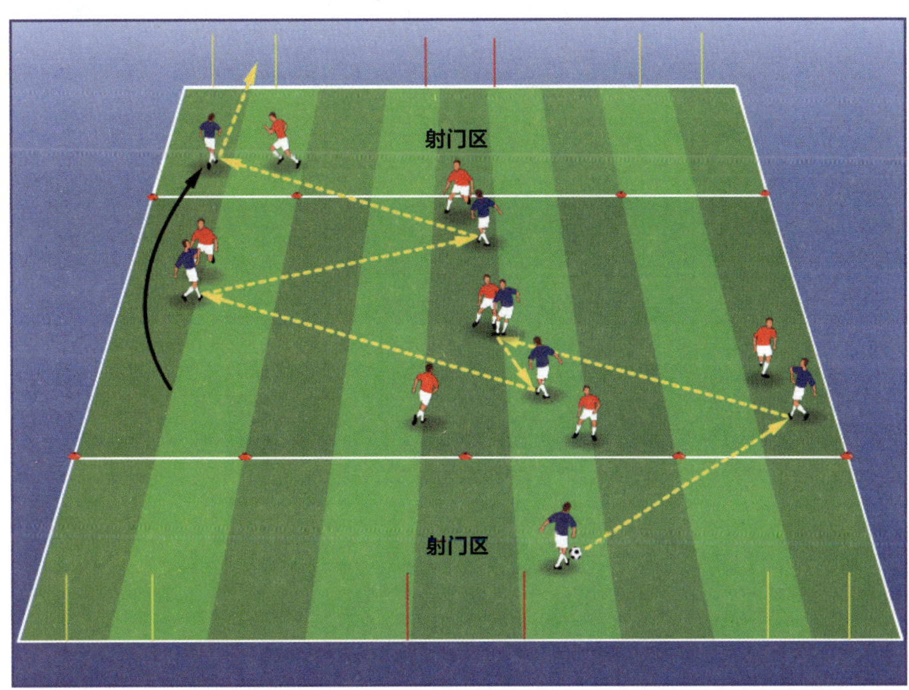

练习简介

1.进行一场7对7比赛，每名队员最多只能触球两次；
2.两队均可将球射入对方三个训练杆门的任意一个；
3.所有射门都需在射门区完成；
4.如果一名队员在射门区外射门进球，则该进球视为乌龙球。

练习变化

1.只有地面球射门进球才算有效；
2.只有凌空射门进球才算有效。

练习6　自由小场比赛　20分钟

首要技术目标：精确凌空抽射

协调性训练目标：判断球的弹行路线、调整、快速与方位感

次要技术目标：带球跑、渗透性传球、传接空中球

战术目标：假动作与创造空当

训练时长：85-100分钟

为了预防伤病我们建议以综合性运动机能练习来开始训练。

练习1 4对4比赛中掷球、接球与凌空抽射 10分钟

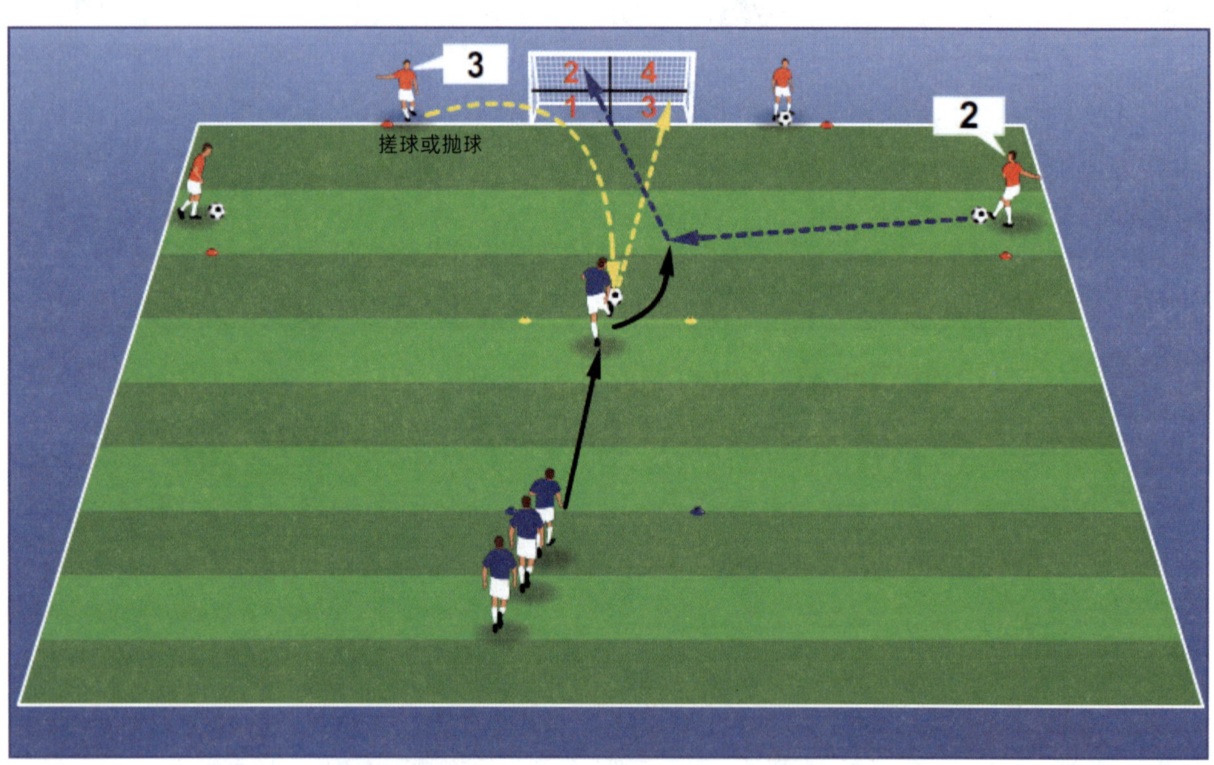

练习简介

1.队员跑位并将其他队员抛掷的传球抽射入网；

2.掷球队员喊出球门区域对应的数字，射门队员需将球射入该区域；

3.旁侧传来第二个球，射门队员立即再次射门，传球队员同样喊出一个数字来规定射门队员将球射入的区域；

4.只有将球射入相应区域时，该进球才有效。

练习变化

1.头球攻门而非凌空抽射；

2.半凌空抽射；

3.搓传球而非掷球。

练习 2　转身并第一时间射门　10分钟

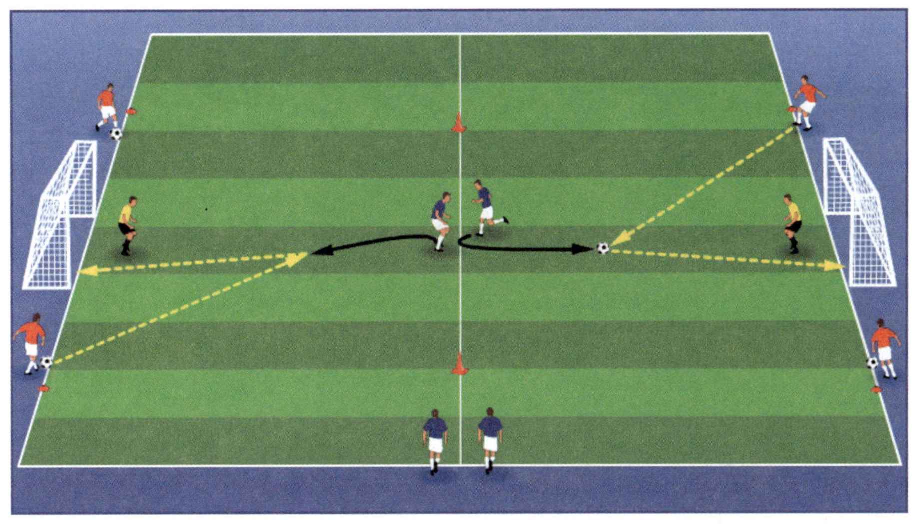

练习简介

1.蓝队队员背对球门站立，红队队员分别站在球门两边，各将一球轮流传入场内；
2.蓝队队员听到红队队员传球声时转身射门。

练习变化

传球时用搓球，射门前仅允许球落地弹起一次。

教学要点

1.因为需要转身立即射门，球员需要做出快速反应；
2.为了使球员能在第一时间触球射门，传球应精准且力度适当。

练习 3　假动作/快速移动与射门　15-20分钟

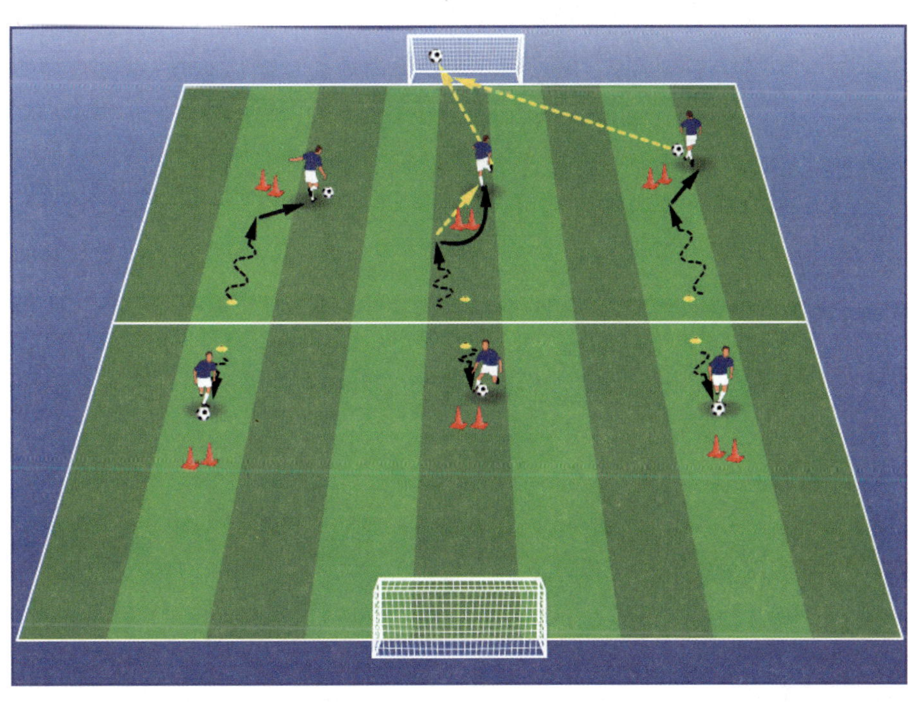

练习简介

1.主要锻炼球员的假动作并完成射门；
2.在左、右两侧的标识桶处完成假动作后向内、外拨球进行射门；
3.在中间的标识桶处采取人球分过，将球从标识桶左侧传向前方，人从右侧绕过标识桶后直接射门。

练习变化

1.做从标识桶外侧切入的假动作；
2.在静止状态做假动作并紧接射门。

练习 4　3对2第一时间射门　20分钟

练习简介

3名进攻队员面对2名防守队员，当第二名防守队员决定紧盯一名无球队员时，持球队员传球给空当队友，后者接球后快速射门。

练习变化

改变3名进攻队员的初始位置，1人背对球门，另外两人面对球门。

练习 5　两队精准传球与射门比赛　20分钟

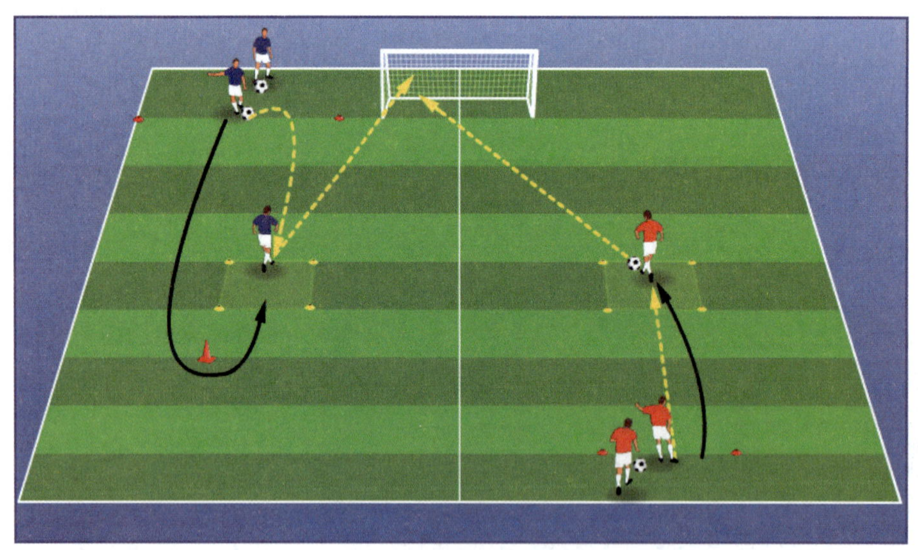

练习简介

1.蓝队队员需绕过标识桶后接队友搓传球并凌空抽射；

2.只有在传球落到矩形区域内时，进球才算有效；

3.红队队员在球场另一侧将球传入矩形区域，随后自己向前跑进矩形区域接球后射门；

4.射门需在矩形区域内完成，进球才算有效。在一定时间内进球数较多的球队获胜。

练习变化

1.低平球传入矩形区域；

2.移动矩形区域到更靠近球门处，并让队员接界外掷球后头球攻门；

3.接界外掷球后技巧性射门。

教学要点

球员冲刺到标识桶处应减速并微屈膝以降低重心便于转向。

练习 6　自由小场比赛　20分钟

CHAPTER 6

第 6 章　头球训练单元

首要技术目标：头球

协调性训练目标：快速、运动机能（跳跃）、平衡感与判断球的弹行路线

次要技术目标：掷界外球与横传

战术目标：盯人、创造空当与1对1

训练时长：85–100分钟

为了预防伤病我们建议以综合性运动机能练习来开始训练。

练习1 “瞄准训练环”的精准头球 10分钟

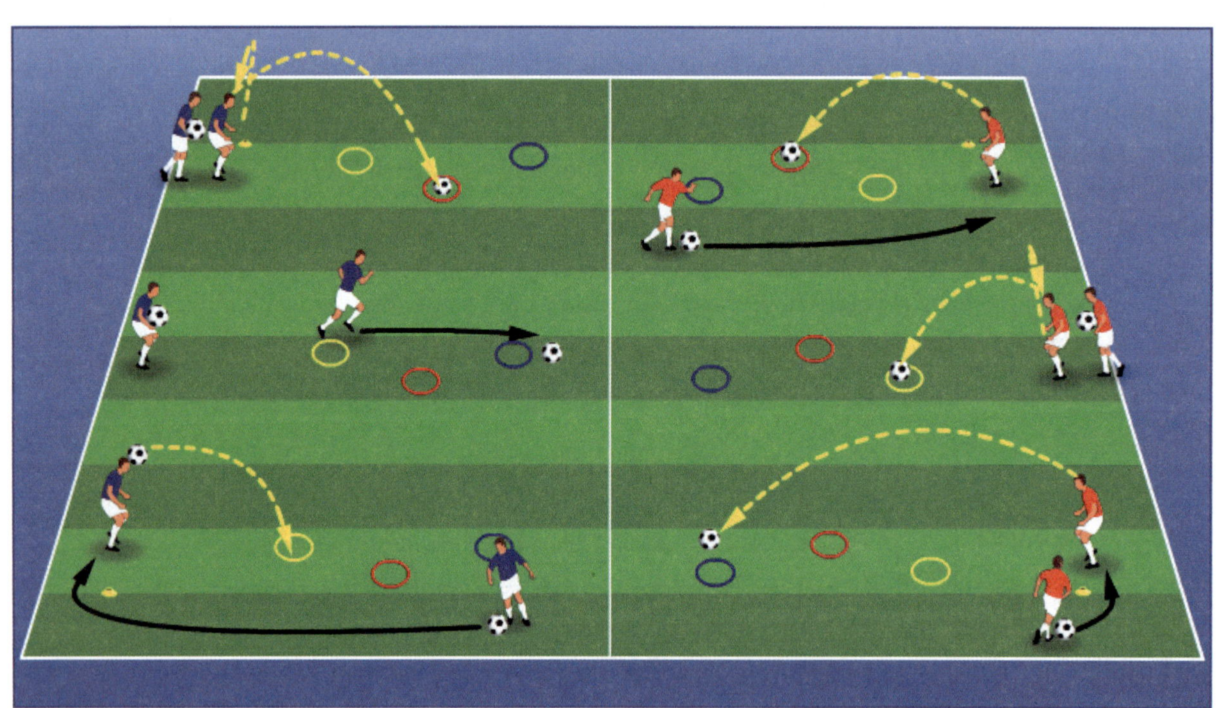

练习简介

1.每名队员将球抛至空中后尝试用头将球顶入面前的训练环内；
2.三个训练环分别放置在距队员3码、5码和7码处；
3.根据距离及颜色不同，每个训练环所代表的分值也不同，赢得较多分的球队获胜。

练习变化

将球踢至空中后头球顶入训练环。

教学要点

1.球员在抛、踢高球时应注意高度以确保能够跃起用头部顶球；
2.头球应用额头中间部位。

练习 2　灵活性训练与头球攻门

10分钟

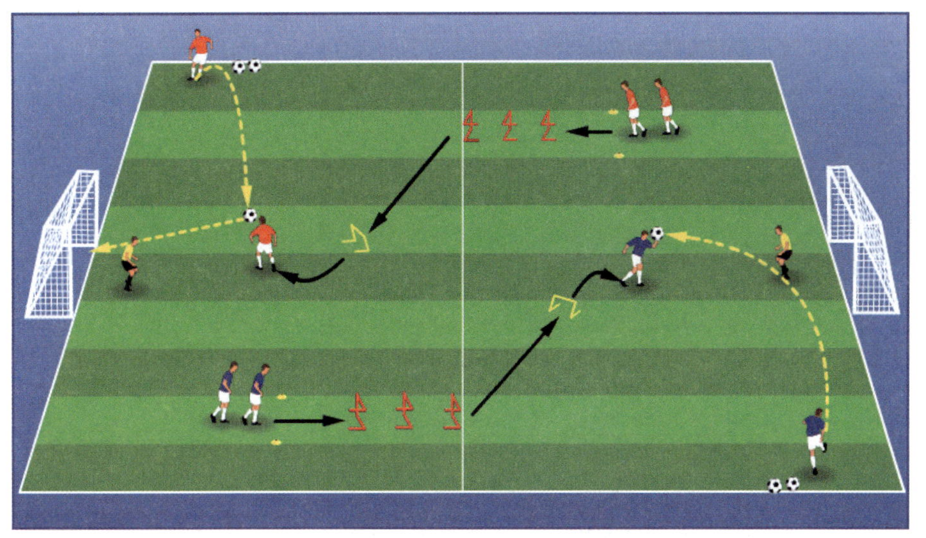

练习简介

1.每名队员跳过前三个红色栏架后跑到黄色栏架前跨过;

2.通过标识部分后，队员从队友处得到传中球并头球攻门。

练习变化

鱼跃冲顶头球攻门。

教学要点

1.传中需精准以便球员跃起并头球冲顶;

2.栏架对于锻炼球员跳跃与头球时保持身体平衡十分有帮助。

练习 3　鱼跃冲顶头球

15–20分钟

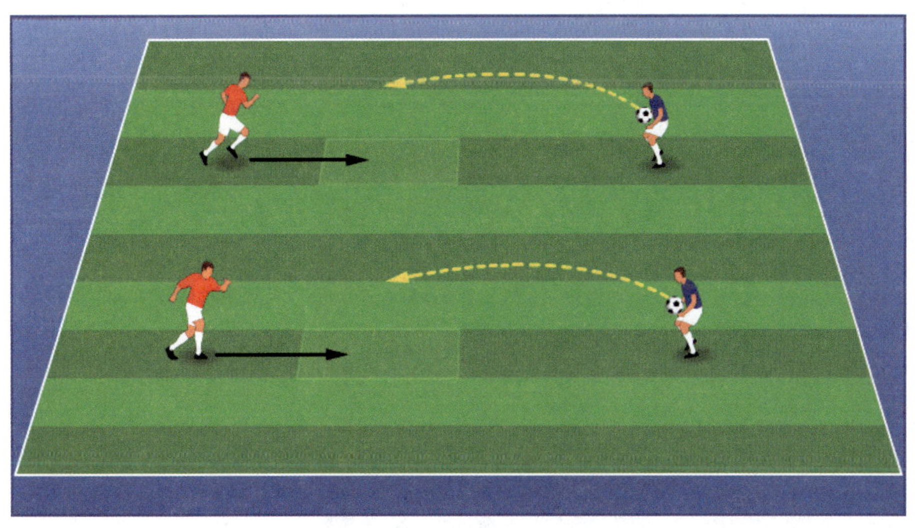

练习简介

1.队员前进，得队友掷球并鱼跃冲顶;

2.双方定时交换角色。

练习变化

双膝跪地状态头球冲顶。

教学要点

1.抛球精度和高度是球员成功鱼跃冲顶的关键;

2.确保球员用双手撑地以避免受伤。

练习 4 禁区内1对1头球攻门 20分钟

练习简介

1.蓝队队员将球传中至禁区，禁区内形成1对1的局面；

2.进攻队员目标是头球攻门，如头球破门得分翻倍。

练习变化

防守队员站位消极防守。

教学要点

1.传中与跑位时机需一致；

2.当防守队员施压时，进攻队员应反向虚晃和变向，以创造出球空间。

练习 5 6对6加6名场外队员的头球小场比赛 20分钟

练习简介

1.在25码×20码的场地内进行6对6手球比赛，另一队6人作为中立队站在场外；

2.只有场外队员传给场内队员，并头球破门得分的情况下，该进球有效；

3.进一步规定场外队员必须用头部传球。

练习变化

手脚并用，用手接球，用脚传球。

练习 6 自由小场比赛 20分钟

首要技术目标： 头球

协调性训练目标： 快速、运动机能（跳跃）、动态平衡感与判断球路

次要技术目标： 传中

战术目标： 盯人、创造空当、2对1与定位球

训练时长： 85–100分钟

为了预防伤病我们建议以综合性运动机能练习来开始训练。

练习1　4对4头球攻门游戏　10分钟

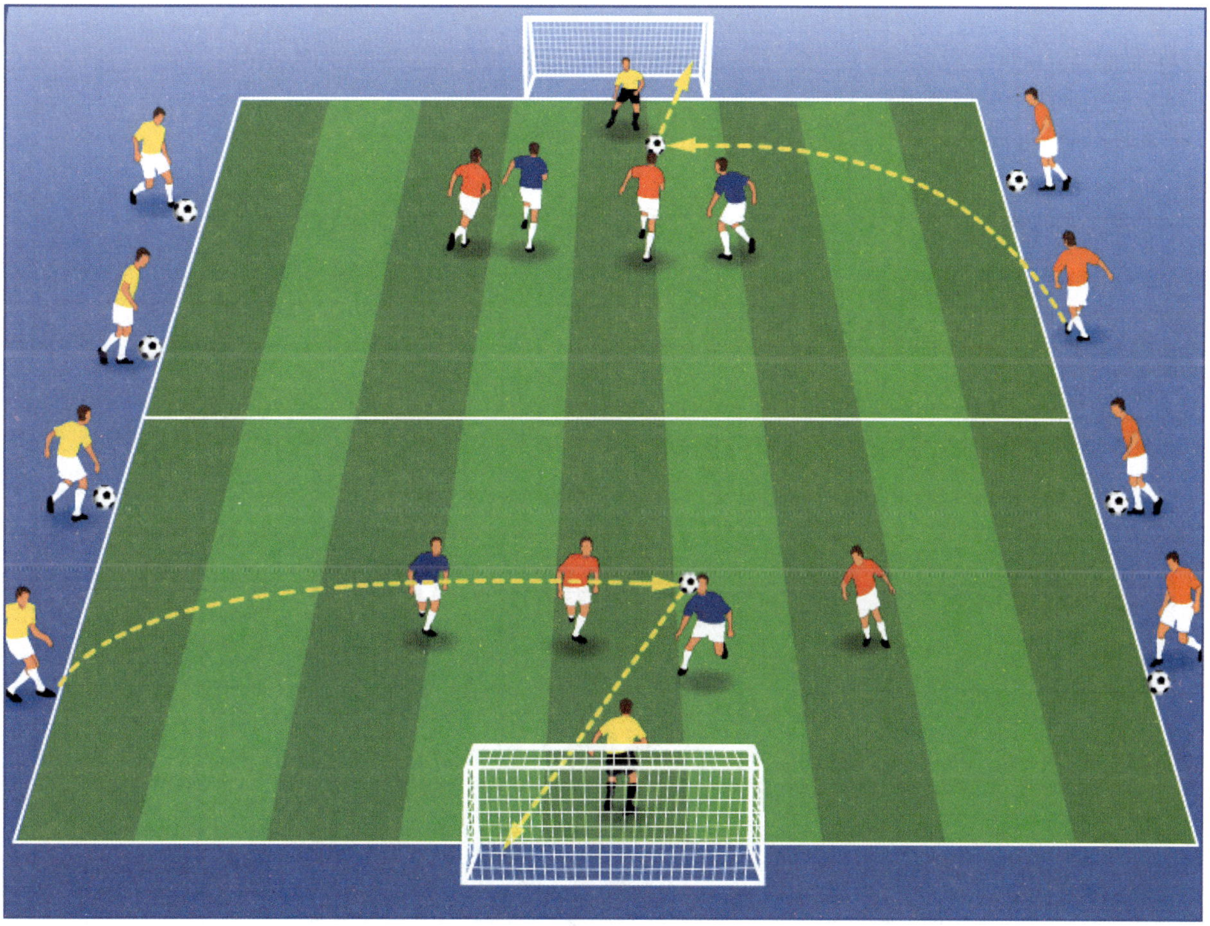

练习简介

1.站在场边的8名队员，每名队员持一球，一人一次将球横传进场内；
2.两侧球门均有守门员把守，两队均可破门得分，只允许头球破门。

练习变化

可凌空抽射或技巧性射门。

练习 2 跳跃、跑动、变向与头部传球 10分钟

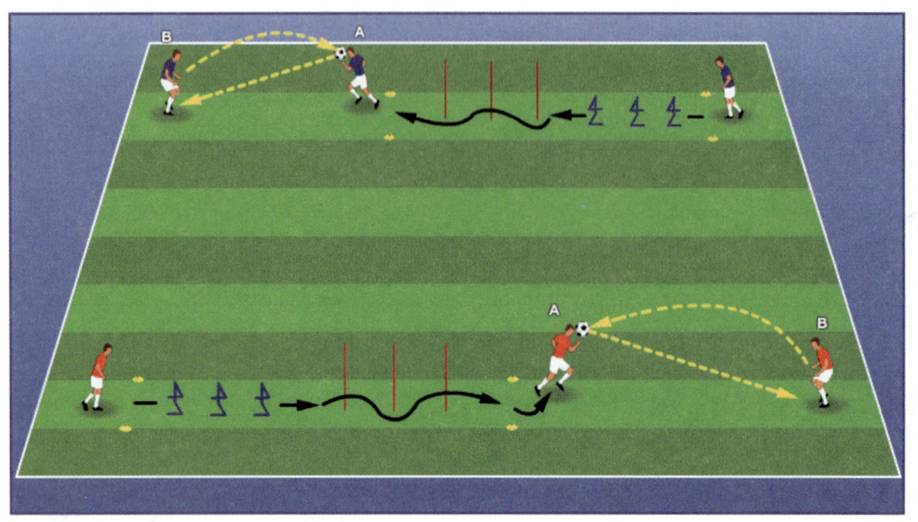

练习简介

1.队员A跳过栏架，绕训练杆后向前头球回传队友的掷球；

2.之后队员A占据队员B的位置，队员B跑向另一侧的起点，依次循环；

3.本次训练可以两队比赛形式进行。

练习变化

改变灵敏性训练项目。

教学要点

1.球员应快速小步幅侧滑步穿过训练杆；

2.要把球往下顶，球员需充分起跳，寻找最高点顶球并向前倾。

练习 3 “瞄准死角”的精准头球 15–20分钟

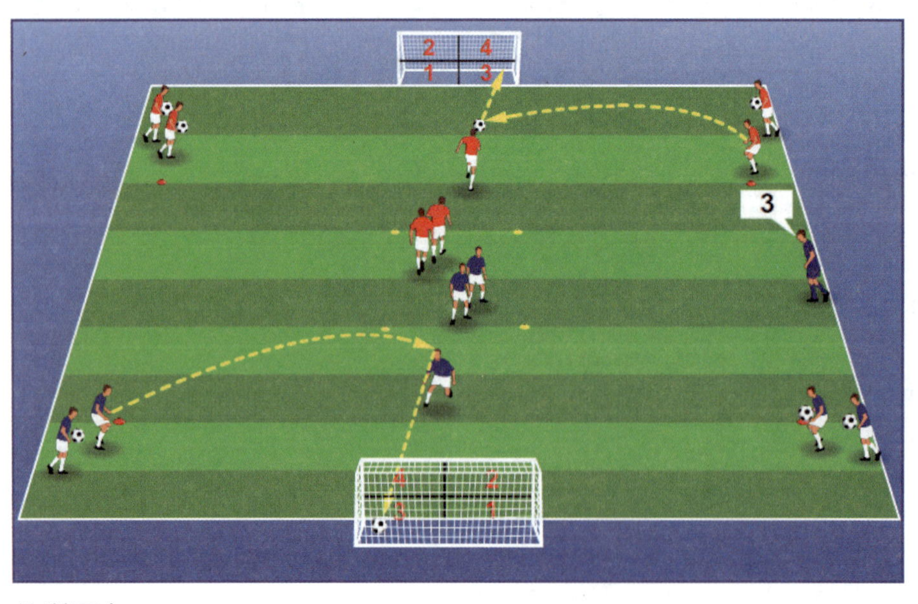

练习简介

1.将球门用胶带划分为1、2、3、4四个区域，每个区指定相应分数；

2.场地一侧队员掷球至场地中央，站在中间的队员需根据教练员喊出的代表球门区域的数字（1–4）向指定区域头球攻门。

练习变化

可以放置两个球门以进行射门比赛。

教学要点

球员需根据掷球情况和教练员喊出的相应区域数字，用不同头球部位与技巧射门（额头中部、额头侧面或向下、鱼跃等）。

练习 4 2对1头球摆渡与射门 20分钟

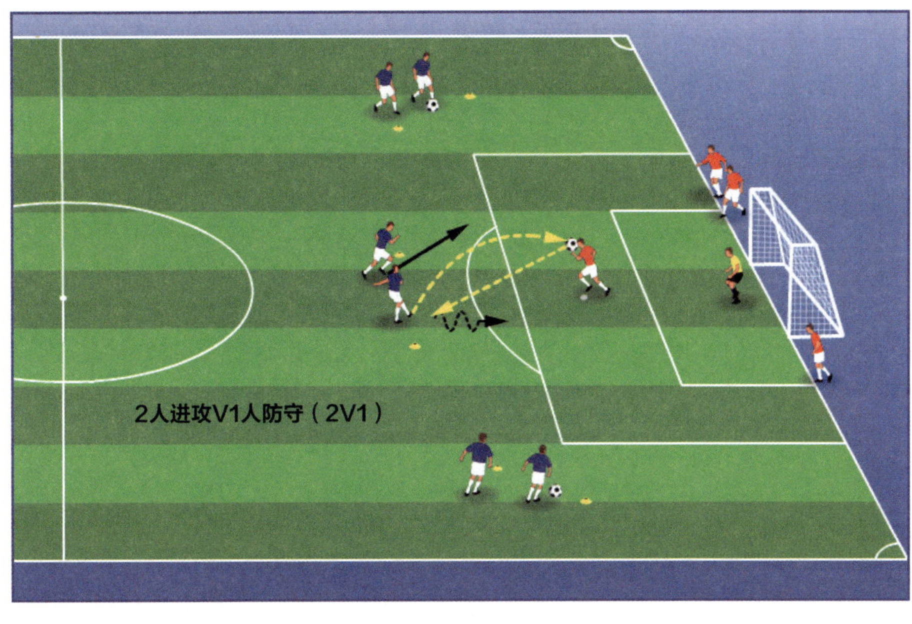

练习简介

1.站在禁区外7-8码处的一名蓝队队员，搓球传给小禁区内的红队队员；
2.红队队员头球摆渡并与两名蓝队队员形成1对2的局面（蓝队进攻，红队防守）。

练习变化

1. 防守队员站位消极防守；
2. 增加1名防守队员（2对2）。

练习 5 结合目标球员的头球小场比赛 20分钟

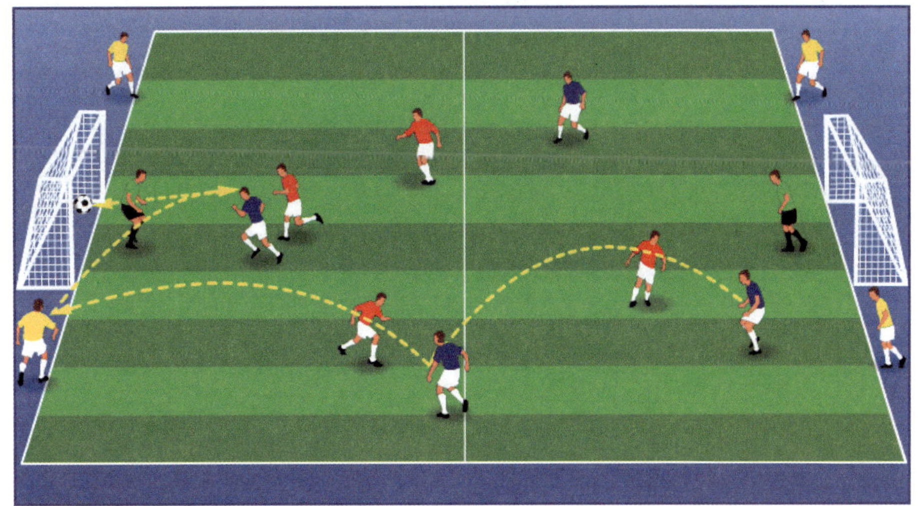

练习简介

1.在20码×25码的场地内进行4对4（加2名守门员）的比赛；
2.共有4名目标球员站在场地两侧的球门旁，两队队员需接目标球员传球后头球攻门；
3.比赛中可用到手和头；
4.轮换目标球员。

练习变化

1.手脚并用进行比赛；
2.仅用双脚进行比赛。

练习 6 自由小场比赛 20分钟

首要技术目标：头球

协调性训练目标：爆发力与跳跃

次要技术目标：传中

战术目标：定位球、2对1、盯人与创造空当

训练时长：85–100分钟

为了预防伤病我们建议以综合性运动机能练习来开始训练。

练习1 “瞄准球门横梁”的精准头球 10分钟

练习简介

球员分为两队，每队4人或5人，队员将球抛至空中后尝试头球击中横梁。

练习变化

用凌空抽射或技巧性射门代替头球。

教学要点

1.为了头球击中横梁，球员需头部低于球并用额头中部；

2.对于年纪更大或更有经验的球员，训练他们颠球后将球踢至空中，最后头球攻向横梁。

练习 2　协调性、灵敏性与平衡感　10分钟

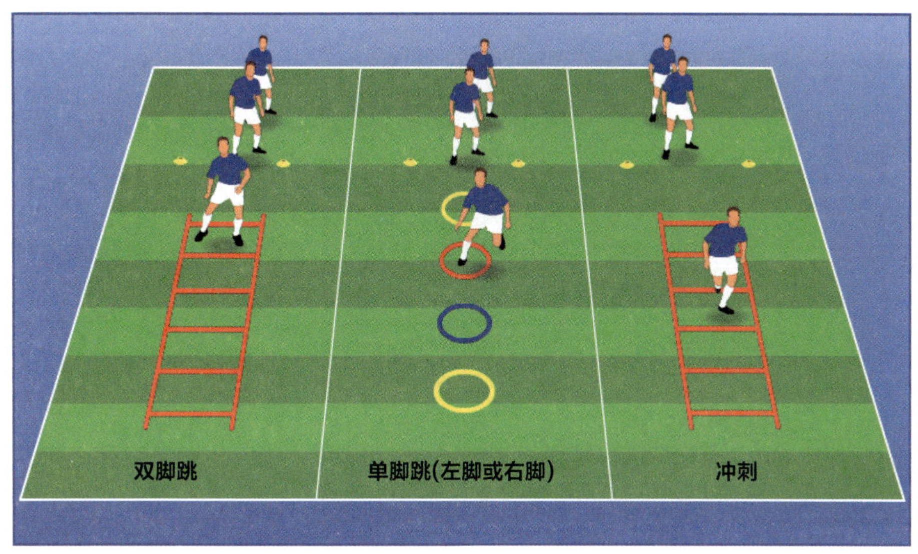

练习简介

1.本次练习中，球员需运用多种双脚或单脚跳跃方式跳过绳梯和训练环，并快速跑；

2.首先双脚跳过第一排绳梯，然后单脚跳过训练环，最后冲刺越过绳梯。

练习变化

本次练习可以接力形式进行。

练习 3　头球攻门　15-20分钟

练习简介

守门员搓球传入距离球门7-8码的矩形区域，队员上前接球并根据教练员指示头球：

1.跃起回传至守门员；

2.向球门死角攻门得分。

练习变化

1.用两个球门进行两队比赛；

2.守门员从所在位置的某一侧搓球。

教学要点

1.球员需能清楚并快速地对教练员的指示做出反应；

2.指导跃起头球与站立头球的技巧。

练习 4 掷界外球、头球、1对1与射门 20分钟

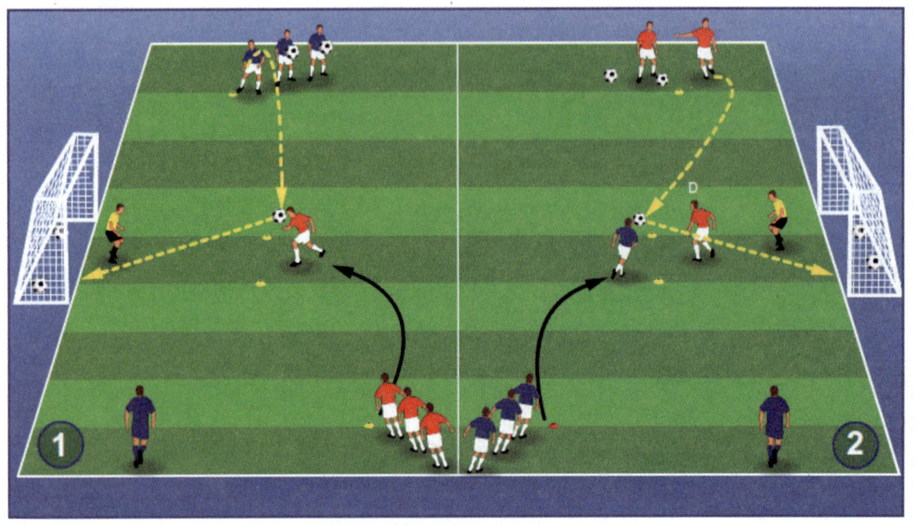

练习简介

1.第①组：红队队员从一侧开始，跑向中央并从距球门7-8码处接蓝队队员的掷球，头球攻门。

2.第②组：蓝队队员需面对防守队员的防守进行头球攻门，红队队员用脚传中代替掷球。

3.进球数多的球队获胜。

练习变化

1.鱼跃冲顶；

2.在第①组中增加1名防守队员；

3.第①组也用脚传中。

练习 5 结合目标球员的头球小场比赛 20分钟

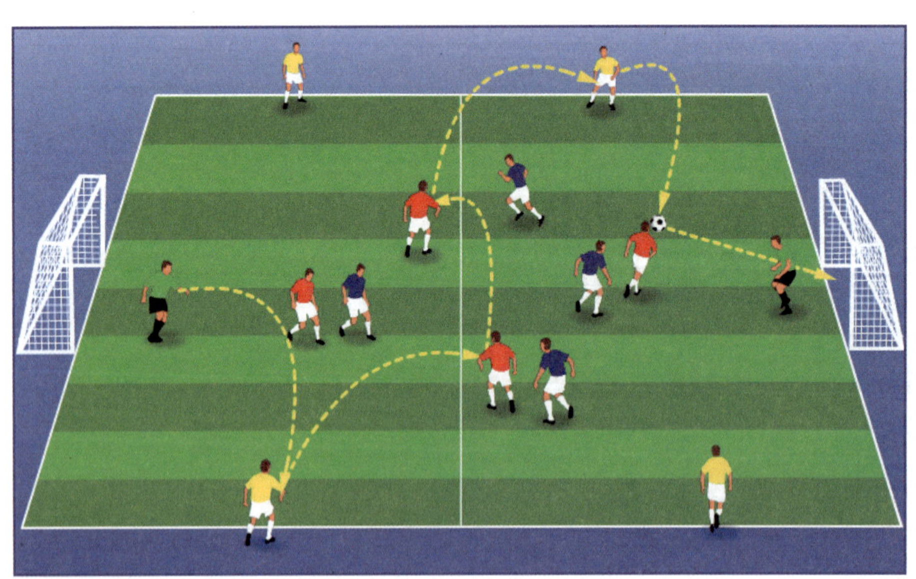

练习简介

1.在20码×25码的场地内进行4对4（加2名守门员）的比赛；

2.场地两侧分别站立4名目标球员，场内队员接目标球员传球后头球攻门；

3.本次练习用双手与头部；

4.轮换目标球员。

练习变化

1.手脚并用进行比赛；

2.仅用双脚进行比赛；

3.头部传球助攻的头球破门记作5分。

练习 6 自由小场比赛 20分钟

CHAPTER

7

第 7 章　接球训练单元

首要技术目标：接高球与方向性控球

协调性训练目标：判断球路与协调能力

次要技术目标：搓球与射门

战术目标：1对1、创造空当与5对5比赛

训练时长：85–100分钟

为了预防伤病我们建议以综合性运动机能练习来开始训练。

练习1 三人颠球与传球 10分钟

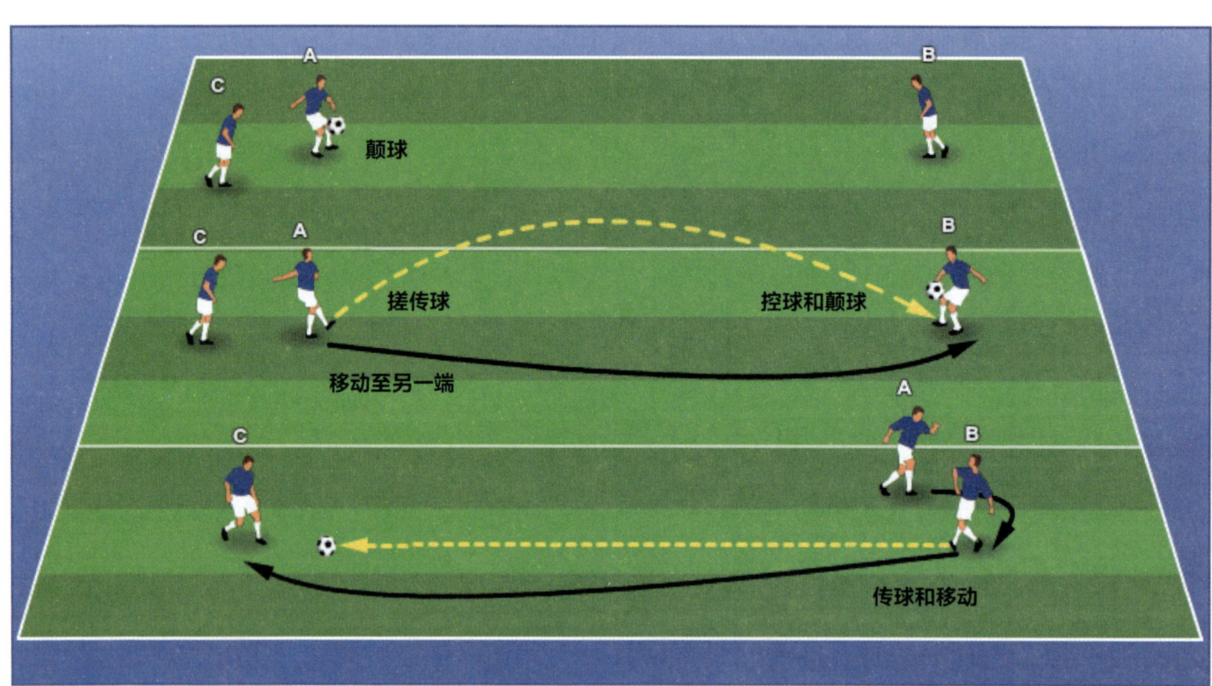

练习简介

1.队员A颠球后搓球传给队员B，队员B控球后颠球再传球给队员C；

2.队员A追随传球路线并占据队员B位置，队员B完成动作后跑向队员A的开始位置，依次循环。

练习变化

仅用一只脚传接球。

教学要点

1.如果练习过于复杂，球员可用手传球（抛掷球）；

2.球员应尝试用双脚所有部位、大腿、胸部及头部控球。

练习 2 翻滚、接球与射门

10分钟

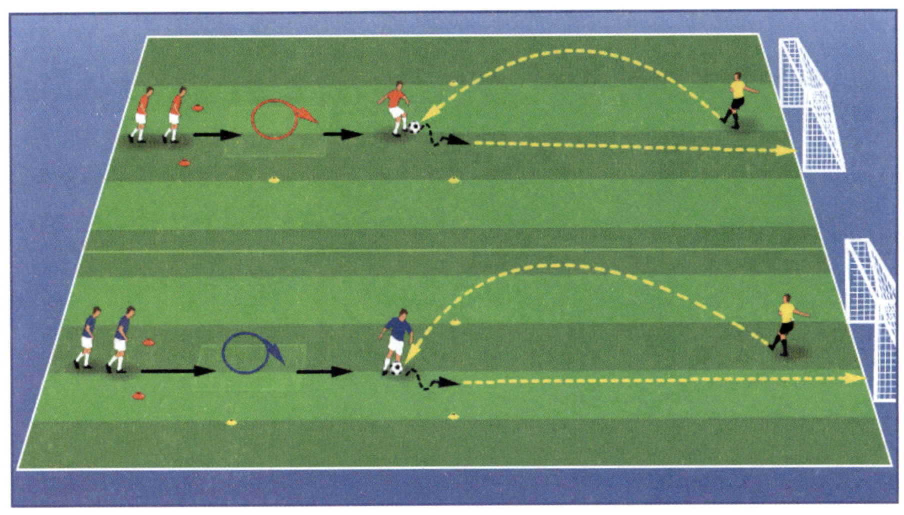

练习简介

1.每名队员前滚翻后跑位接守门员的搓传球，队员控球后即可射门。

2.进球数较多的球队获胜。

练习变化

1.守门员传低平球；

2.用不同身体部位接球。

教学要点

接球时应方向性地触球向前以便更好地完成射门。

练习 3 方向性地第一脚触球接球

15-20分钟

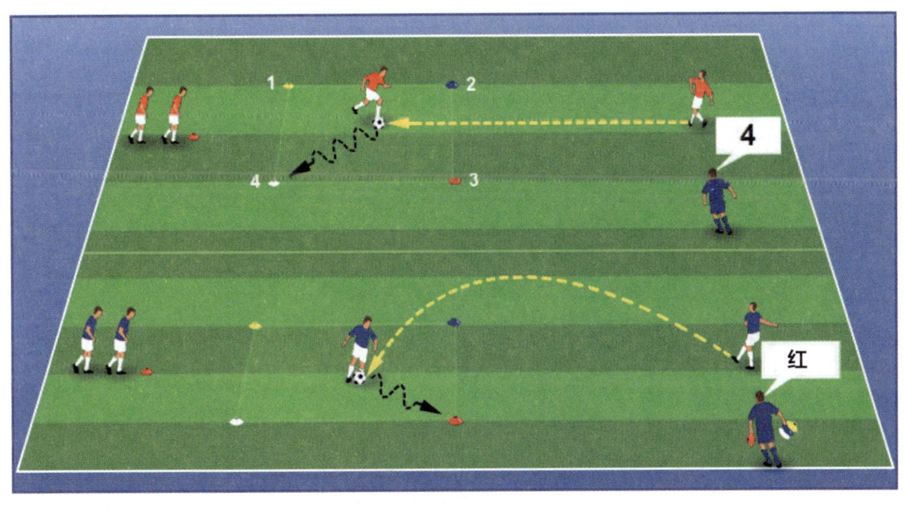

练习简介

1.传球队员进入矩形区域，区域内的接球队员根据教练员指示的方向（1-4）进行第一脚触球停球。

2.另一组练习中，队员在教练员叫到不同数字时用双脚的不同部位做动作：

(1)脚内侧并变向；

(2)脚内侧近身控球；

(3)脚内侧停球展开身位；

(4)脚外侧并变向。

练习变化

1.用弱势脚接球；

2.搓传球；

3.教练员用颜色而非喊数字来提示以锻炼球员视觉反应。

教学要点

1.球员应展开身体并半转身接球并变向；

2.传球应精准且力度适当以给接球队员反应时间，可以选择用不同的脚及部位来接球。

练习 4　1对1单挑中的跑位、接球与射门　20分钟

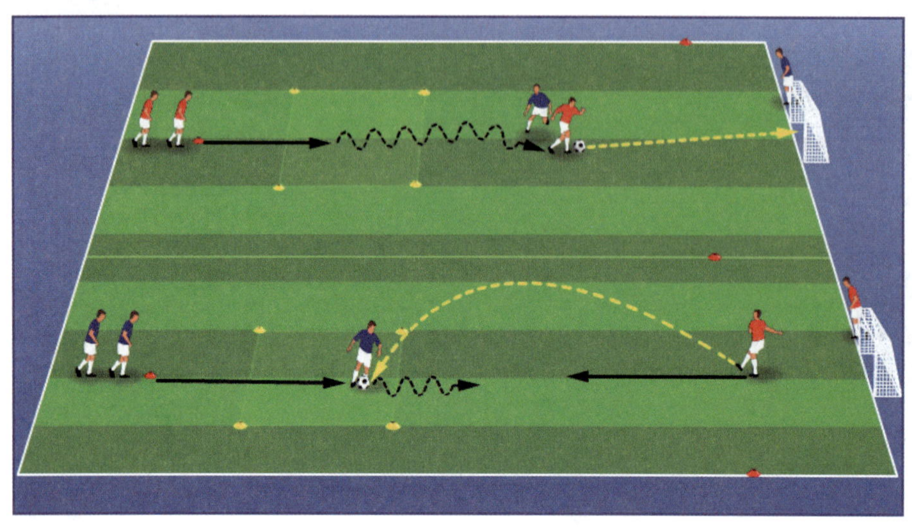

练习简介

1.第一名队员冲刺进入矩形区域后接场地另一边队员的传球，接球队员需在防守队员拦截前快速射门；

2.五轮练习之后交换队员攻守角色。

练习变化

用弱势脚传接球。

教学要点

1.接球队员应面对传球队员接球，并在接球时有方向性地向前触球并将球带出矩形区域；

2.为了阻止防守队员抢球成功，持球队员可以将身体置于球与防守队员之间形成对球的保护。

练习 5　“四角接球”7对7小场比赛　20分钟

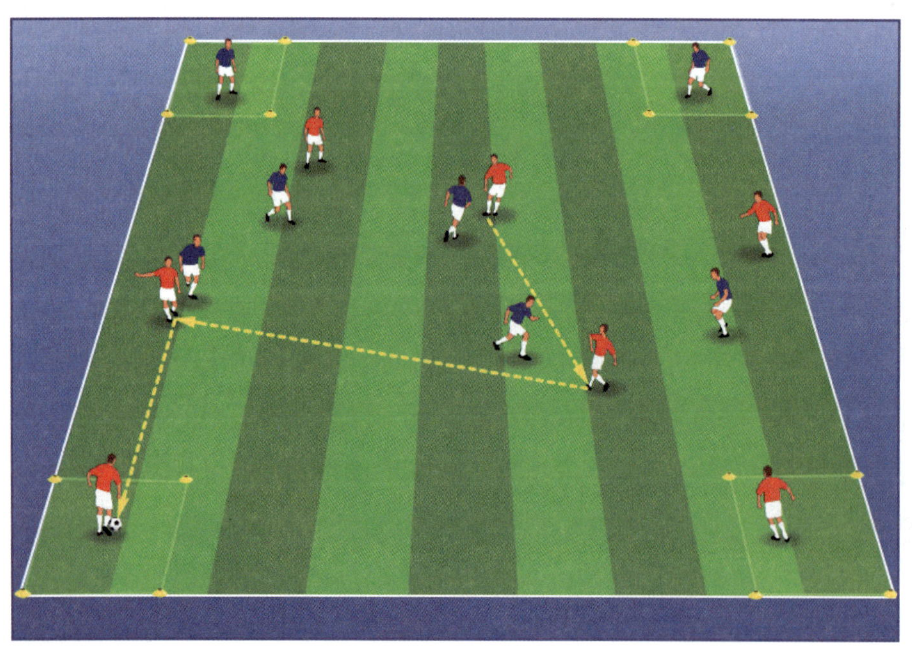

练习简介

在30码×30码的场地内进行7对7比赛。

1.每队2名队员，共4名队员站在球场四角，目标是将球传给站在边角区域内的队友；

2.如果边角区域内的队员成功得球控球，则该队得1分；

3.边角区域内的队员一旦接球就与传球队员交换位置并继续进行比赛。

教学要点

1.正确的身体姿势（展开身体并半转身），对于观察、判断传球选择十分重要；

2.场内队员需快速为边角区域内的队员提供两条出球路线。

练习 6　自由小场比赛　20分钟

首要技术目标：接空中球

协调性训练目标：判断球路、快速与协调能力

次要技术目标：搓球、射门、掷界外球与传中

战术目标：1对1单挑、创造空当、进攻跑位、保护球门及5对5

训练时长：85–100分钟

为了预防伤病我们建议以综合性运动机能练习来开始训练。

练习1　“网球规则”足球与协调性训练　10分钟

练习简介

1.这是采用网球规则的足球练习；

2.一队需前滚翻后接另一队的搓传球，球不能落地或最多在地上反弹一次（根据队员年龄与能力规定最多或最少触球数）。

练习变化

1.侧滚翻后接球；

2.侧手翻后接球；

3.俯冲后接球。

练习 2 带球、接传中后射门 10分钟

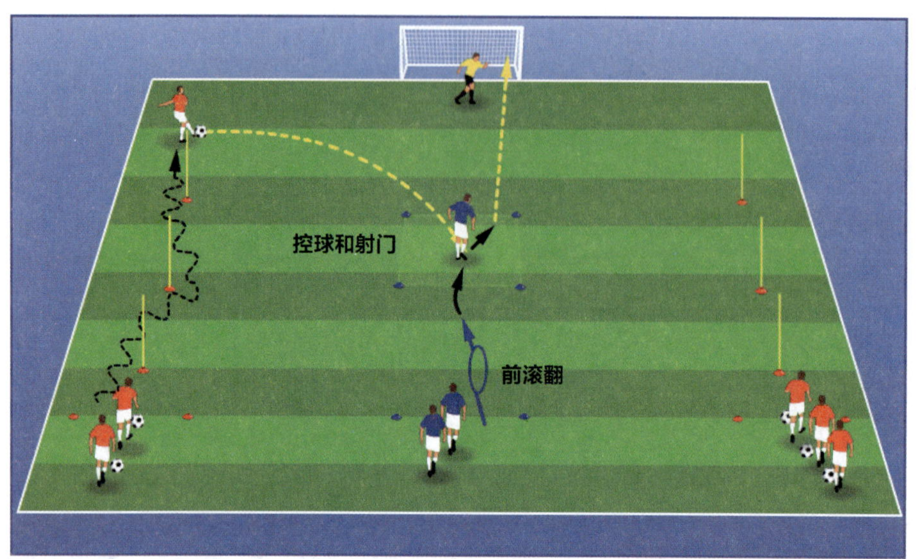

练习简介

1.红队队员带球绕训练杆后在底线附近横传，蓝队队员前滚翻后向前进入矩形区域接球射门；

2.传中时应左右脚都有用到。

练习变化

1.侧手翻后接球；

2.接球后凌空抽射。

教学要点

1.接球队员第一脚触球时将球顺到身体前方以便跟进射门；

2.球员在过训练杆时应柔和触球并将球控制在脚下。

练习 3 移动、接球与凌空抽射 15–20分钟

练习简介

1.第①组：红队队员掷球给站在场地中央的蓝队队员，后者接球后凌空抽射（两次触球）。

2.第②组：红队队员搓传球给站在场地中央的蓝队队员，后者接球后凌空抽射（两次触球）。

练习变化

1.用胸部、大腿、头部或脚内侧停球后凌空抽射；

2.自由控球后半凌空抽射。

练习4　冲刺、接球与1对1射门　20分钟

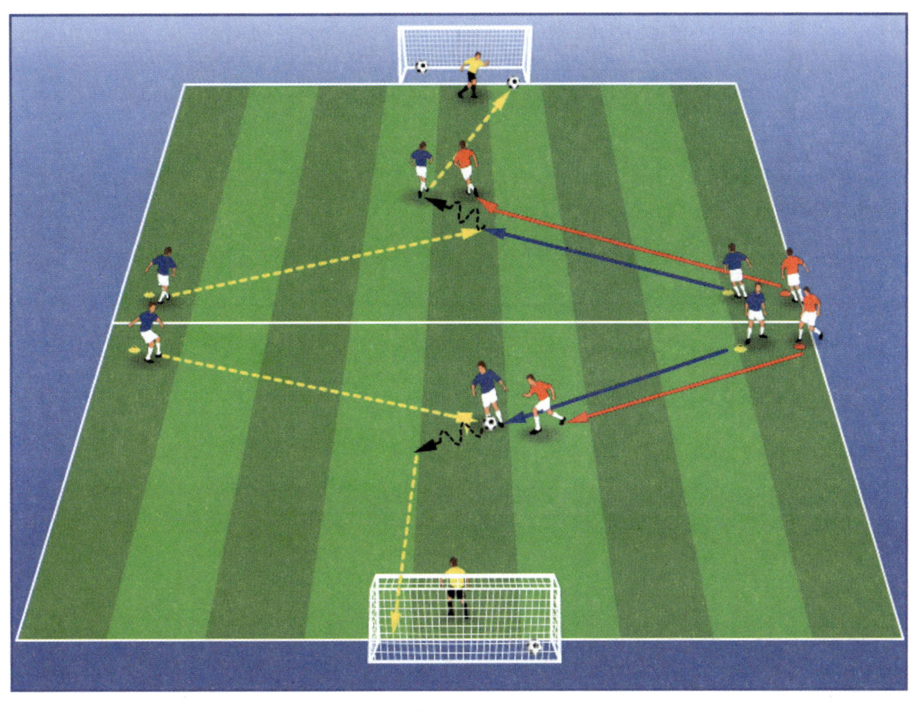

练习简介

1.蓝队队员冲刺到场中接队友传球，红队队员跟随接球队员并进行拦截；

2.即使红队队员消极防守，蓝队队员也要快速接球并射门；

3.场地左右两侧都进行该项训练。

练习变化

防守队员主动上抢。

练习5　7对7小场比赛中的转移球　20–25分钟

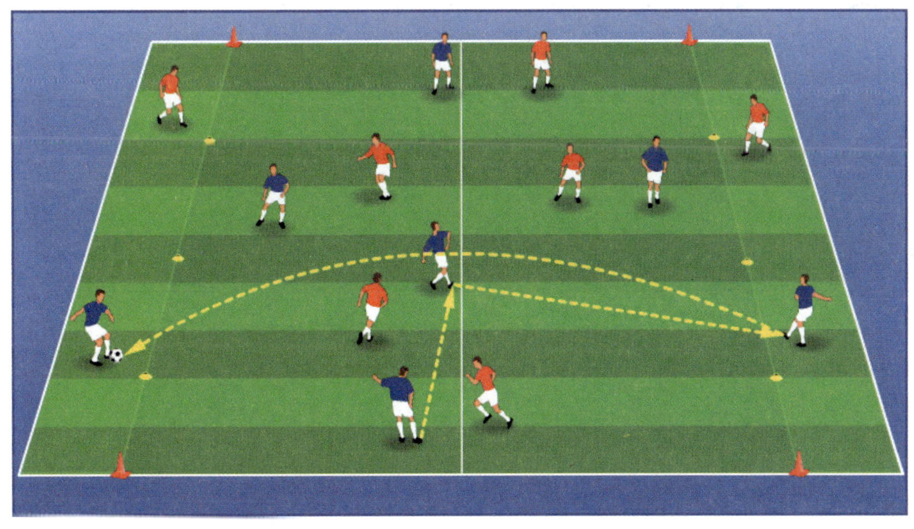

练习简介

1.在20码×20码的场地内进行7对7比赛。

2.每队2名队员，共4名队员分别站在两侧的目标区；目标为传球至一侧目标区的队友，并快速将球转移到另一侧目标区的队友脚下。

练习变化

若是用弱势脚搓传、接球，得分翻倍。

教学要点

1.场内队员需要不断考虑两端区域的变化方向转移打法；

2.队员接球前通过跑位创造空间，这对于保持控球与转移十分重要。

练习6　自由小场比赛　20分钟

首要技术目标：有方向性地接控地面球

协调性训练目标：快速与协调能力

次要技术目标：传球、射门与带球

战术目标：1对1、创造空当、盯人、球场视野与防守球门

训练时长：85–100分钟

为了预防伤病我们建议以综合性运动机能练习来开始训练。

练习1 正确身体姿势接球 10分钟

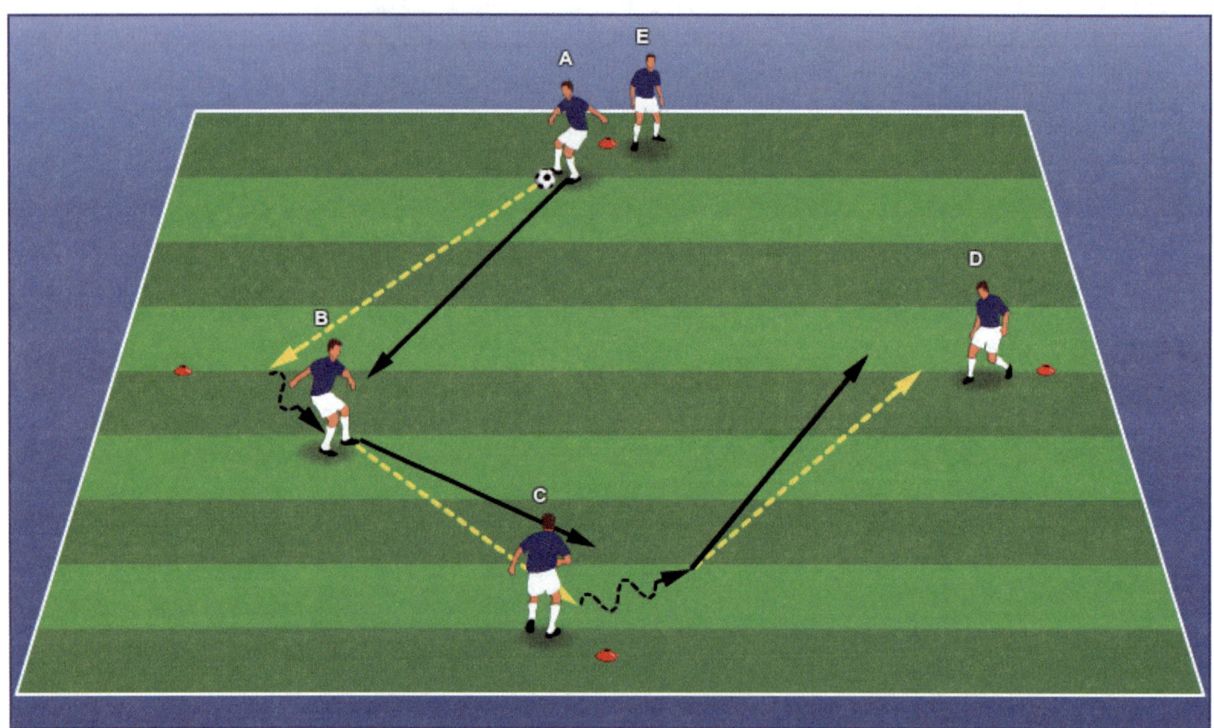

练习简介

1.队员A传球给队员B并跟随球前进；

2.队员B用右脚内侧接球后将球传给队员C；

3.以逆时针方向进行训练，由教练员判断控球最好的队员取胜。

练习变化

1.以顺时针方向进行训练；

2.用左脚内侧接球。

教学要点

1.球员用后脚传接球；

2.接球队员应半转身使球滚过自己的身体位置再接球处理；

3.有方向性地接停球以提高传球的流畅度。

练习 2　协调性与传接球　10分钟

练习简介

1.两名队员同时持球开始，带球过训练杆后传球给跳过训练环的队友；
2.如图所示，教练员喊出要射的球门“蓝色”；
3.率先射门进球的队员为本队得分。

练习变化

变化训练环与训练杆的位置。

练习 3　展开身体接球与带球　15-20分钟

练习简介

1.队员A传球给队员B，队员B方向性地停球并带球穿过一侧的标识桶门，并将球传给下一名队员；
2.与此同时，队员A跑步穿过另一侧的标识桶门到达另一端。

练习变化

用搓传球。

教学要点

1.球员应用左右脚进行该传接球练习；
2.全速带球。

练习 4　2对1比赛中的接球与射门　20分钟

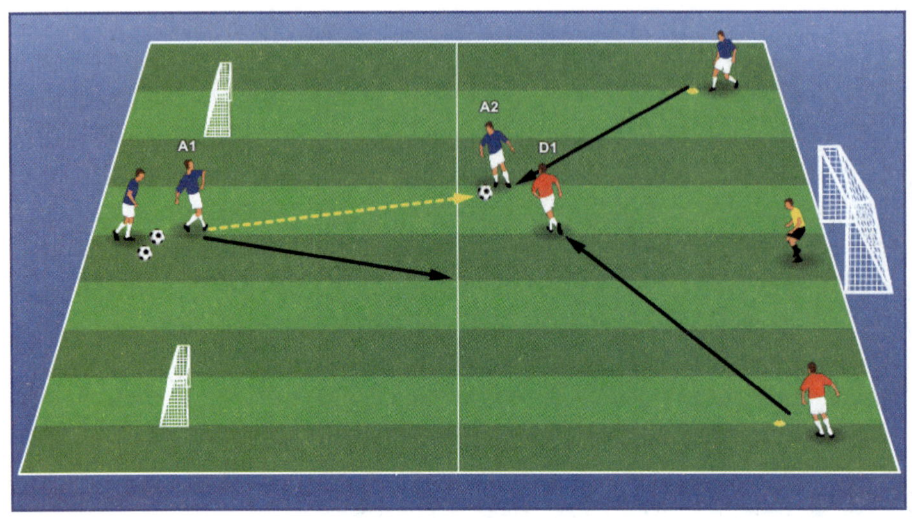

练习简介

1. 队员A1传球给被队员D1紧密盯防的队员A2；
2.队员A2接球后，队员A1跑位向前协助，形成2对1的局面，并试图得分；
3. 如防守队员抢球成功后可向两个小球门射门。

练习变化

1.搓传球；
2.用弱势脚传球；
3.另一名防守队员加入以形成2对2局面。

教学要点

1.接球时确保身体成为球与防守队员之间的屏障；
2.接球后的决策十分重要，何时拿球，何时一脚出球回传队友或向前带球。

练习 5　7对7比赛中创造接球空当　20–25分钟

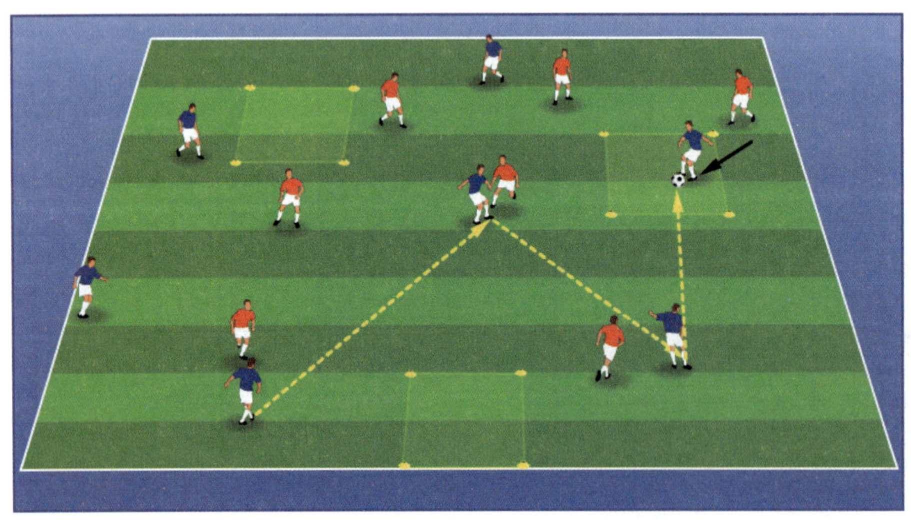

练习简介

1.在35码×35码的场地上进行7对7比赛，场地上还设有三个4码×4码的矩形区域；
2.成功地在三个矩形区域中的任意一个内接球即得1分；
3.防守队员不能进入矩形区域。

练习变化

增加矩形区域个数。

教学要点

1.正确的身体姿势（展开身体并半转身）与跑位，便于观察并做出传球选择；
2.摆脱防守队员并创造接球的空当。

练习 6　自由小场比赛　20分钟

首要技术目标：有方向性地接控低平球

协调性训练目标：快速与协调能力

次要技术目标：传球、射门与带球

战术目标：1对1、创造空当、盯人、球场视野与防守球门

训练时长：85–100分钟

为了预防伤病我们建议以综合性运动机能练习来开始训练。

练习1　接球转身射门　10分钟

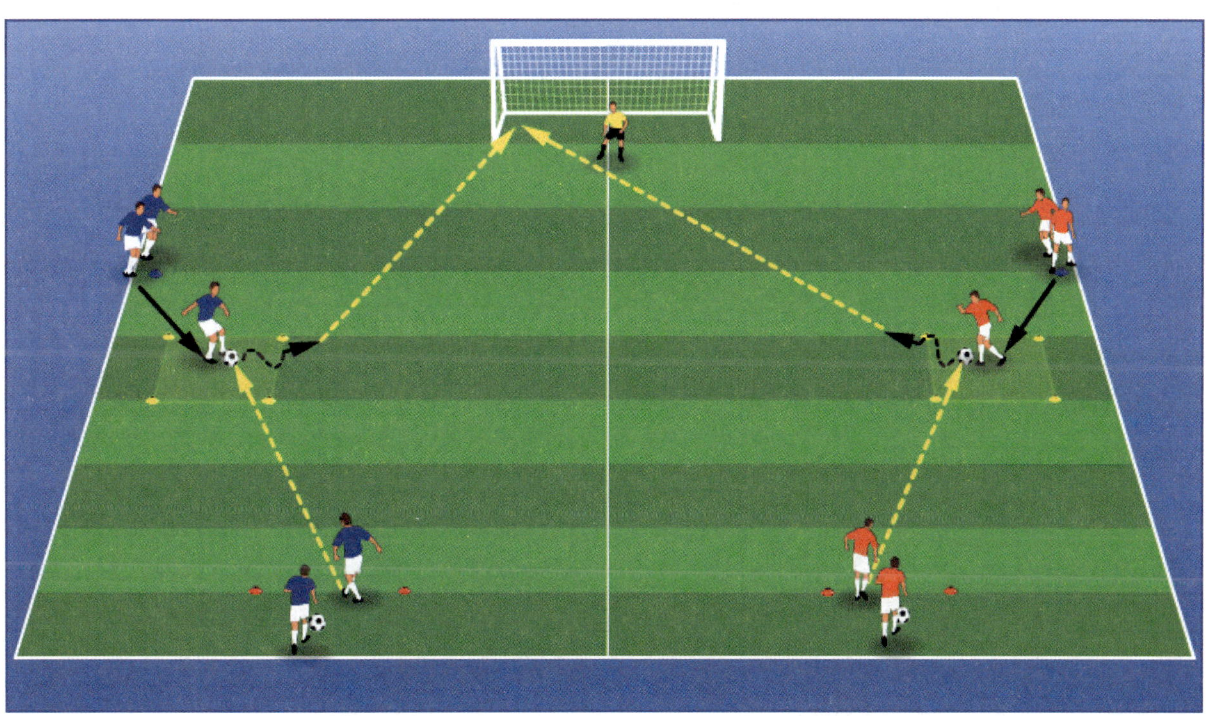

练习简介

1.持球队员传球进入矩形区域给另一名队员，后者方向性一脚停球转身射门；

2.本次练习应在球场两侧进行，球员应左右脚都用。

练习变化

用脚内侧或脚外侧接球。

教学要点

1.球员应半转身接球并一脚触球以连续射门；

2.展开身体并用后脚接球。

练习 2 快速反应、接球、带球与射门

10分钟

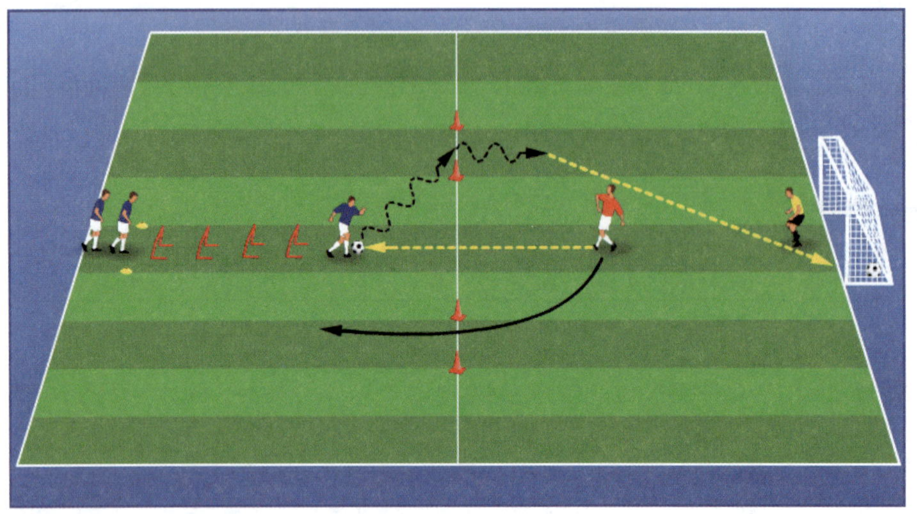

练习简介

1.红队队员对蓝队队员进行反应测试；

2.蓝队队员跳过栏架后，接来自红队队员的传球，并带球穿越与红队队员跑动方向相反的标识桶门；

3.蓝队队员带球穿过标识桶门后便可射门。

练习变化

1.用脚内侧或脚外侧接球；

2.向前或侧向跳过栏架。

练习 3 训练杆两侧的传接球

15–20分钟

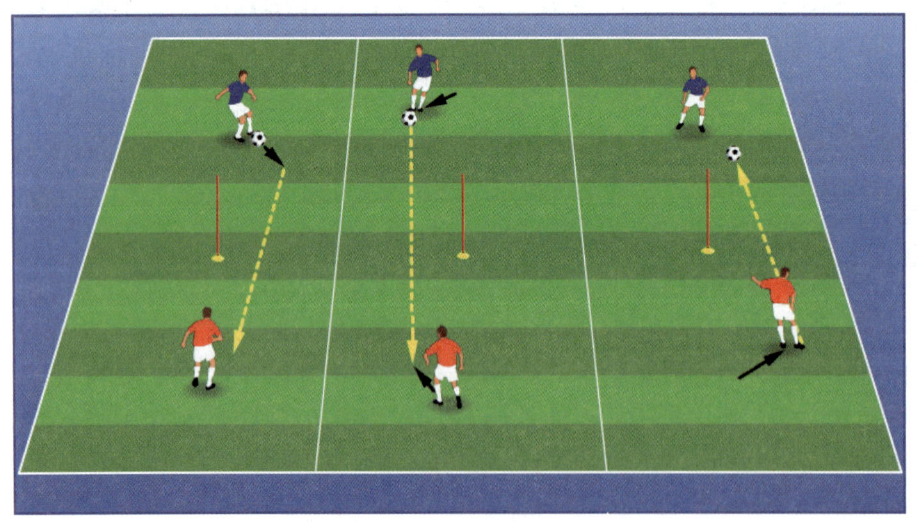

练习简介

1.球员两两分组并互相在训练杆两侧传接球；

2.球员可以互相靠近或互相远离；

3.传接球时最多触球两次。

练习变化

1.用右脚内侧传球并用左脚内侧接球；

2.用左脚内侧传球并用右脚内侧接球；

3.仅用左脚内侧传接球；

4.仅用右脚内侧传接球。

练习4　2对1比赛中的接球与射门　20分钟

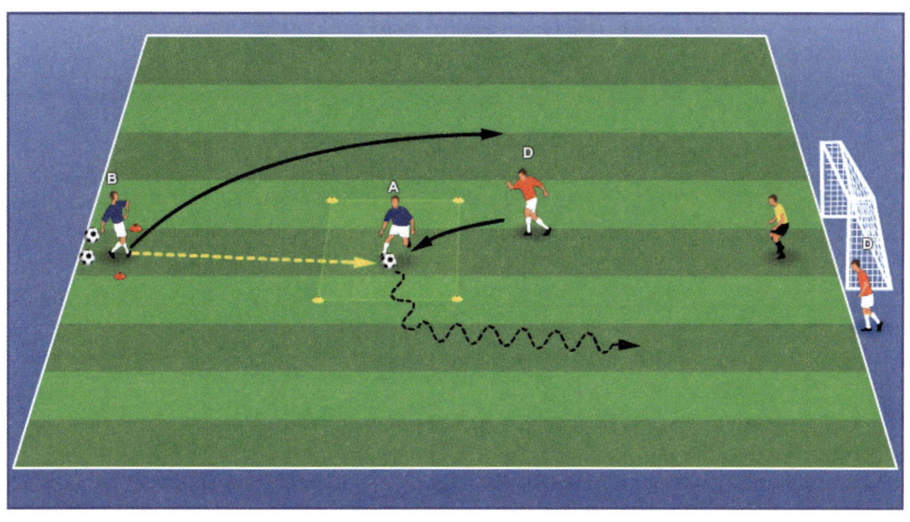

练习简介

1.队员A反向跑动创造空当接队员B的传球，队员B传球给矩形区域内的队员A后向他拿球的反方向跑动；
2.形成2对1的局面并创造射门得分机会，防守队员D与守门员都需积极防守。

练习变化

要求球员用双脚各个部位接球。

教学要点

1.接球时确保身体成为球与防守队员之间的屏障（护球）；
2.接球后的选择十分重要，何时持球，何时一脚出球回传队友或向前带球。

练习5　两个球门+两个矩形射门区、7对7比赛　20–25分钟

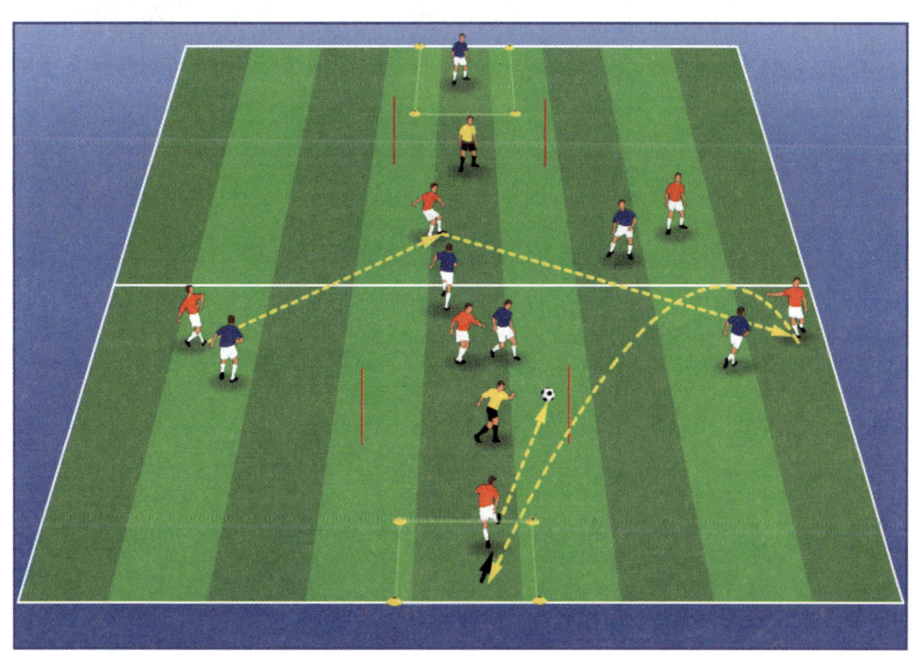

练习简介

1.在30码×30码的场地内进行7对7的比赛。
2.两边的训练杆门都可以进球得分，每个训练杆门后10码处设有一个5码×5码的矩形射门区。如果传球给矩形射门区内的前锋后直接射门进球，得分翻倍。

练习变化

1.搓传球给矩形射门区内的队友；
2.传球5次后，矩形射门区内的队员可以触球2次。

练习6　自由小场比赛　20分钟

首要技术目标： 有方向性地接控地面球

协调性训练目标： 快速与协调能力

次要技术目标： 传球、射门与带球

战术目标： 1对1、创造空当、盯人、预判与防守球门

训练时长： 85–100分钟

为了预防伤病我们建议以综合性运动机能练习来开始训练。

练习1 接球、带球并与守门员1对1 10分钟

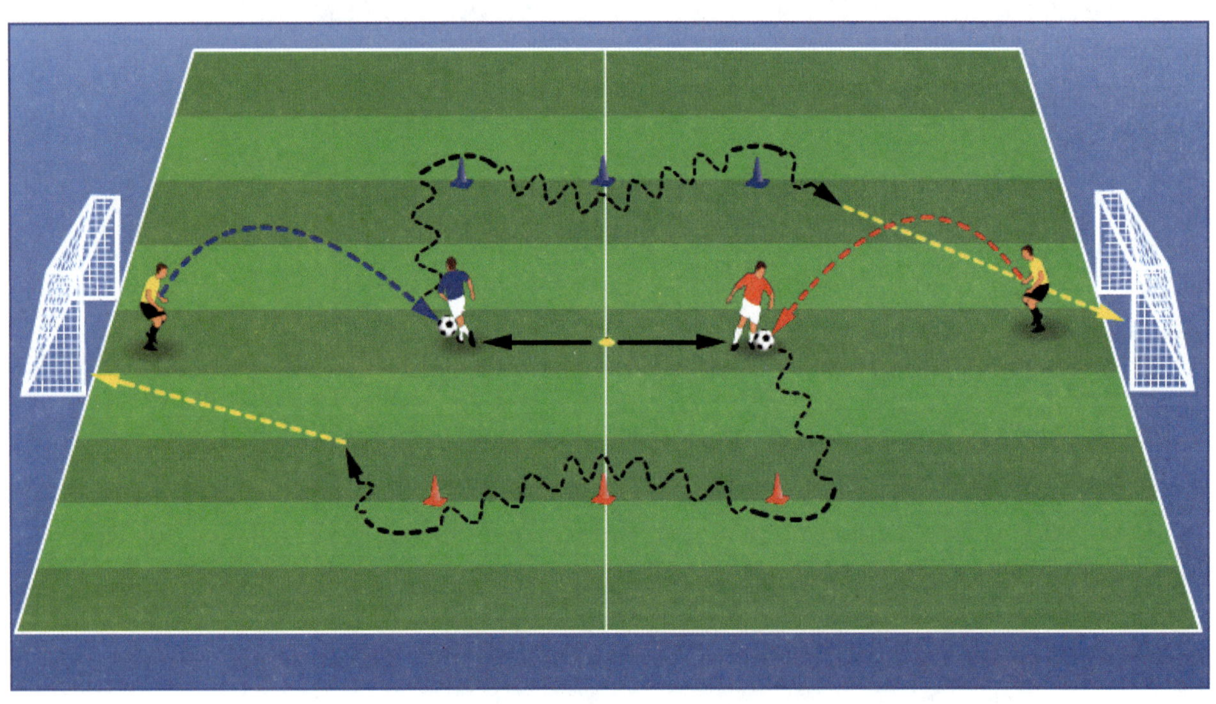

练习简介

守门员传球给在场地中央的队员，后者向前接球后反方向带球绕过标识桶，最后射门。

练习变化

1.用脚内侧或脚外侧接球；
2.守门员传出快速的低平球。

教学要点

1.接球时方向性地一脚停控球并带球，一气呵成；
2.球员在绕过标识桶时应柔和地触球并将球控制在脚下。

练习 2　灵敏与快速训练并结合1对1射门　10分钟

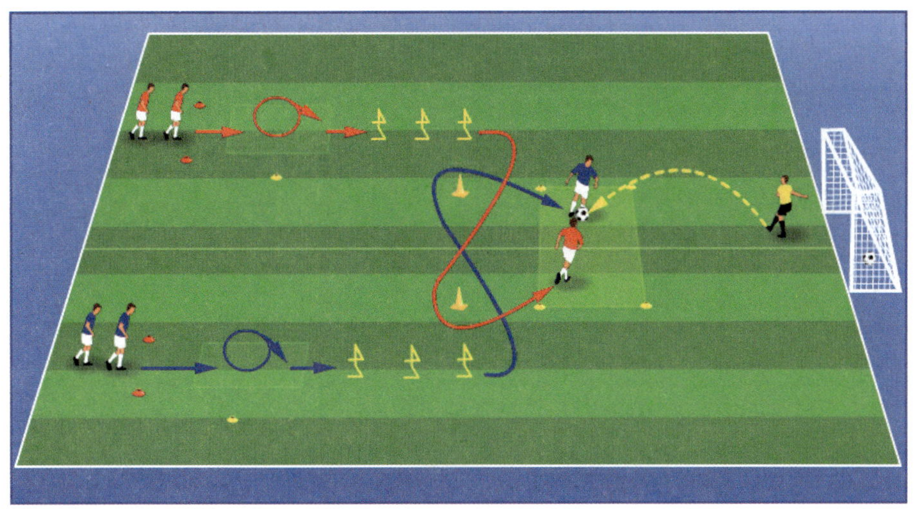

练习简介
1.队员侧手翻后以最快速度跳过栏架，并绕过标识桶进入矩形区域；
2.率先在矩形区域内接到守门员搓传球的队员射门，另一名队员防守。

练习变化
前滚翻、向前跳或侧跳。

教学要点
为了更好地完成本次训练，球员需要展示出优良的平衡感与协调性。

练习 3　移动接球与缓冲控球　15–20分钟

练习简介
1.每名球员都持球；
2.颠球3次后，球员起高球，然后对球进行缓冲控球。

练习变化
1.用左右脚脚背接球；
2.用脚内侧接球到空当；
3.用脚外侧接球到空当；
4.用脚底接球到空当；
5.用胸部与脚内侧接球到空当。

练习4 接球并在紧逼下带球 20分钟

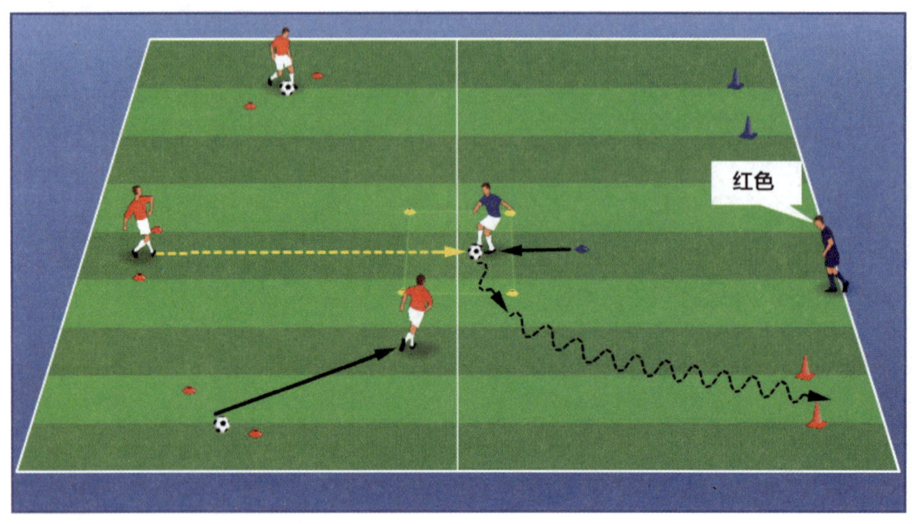

练习简介

1.红队队员传球进入矩形区域，另一名红队队员上前紧逼接球队员；

2.蓝队队员接球后，带球通过教练员指示颜色的标识桶门而不被防守队员抢到球即算得分。

练习变化

球员需练习用双脚的内侧或外侧接球。

练习5 “球门后接球”四个球门、7对7比赛 20–25分钟

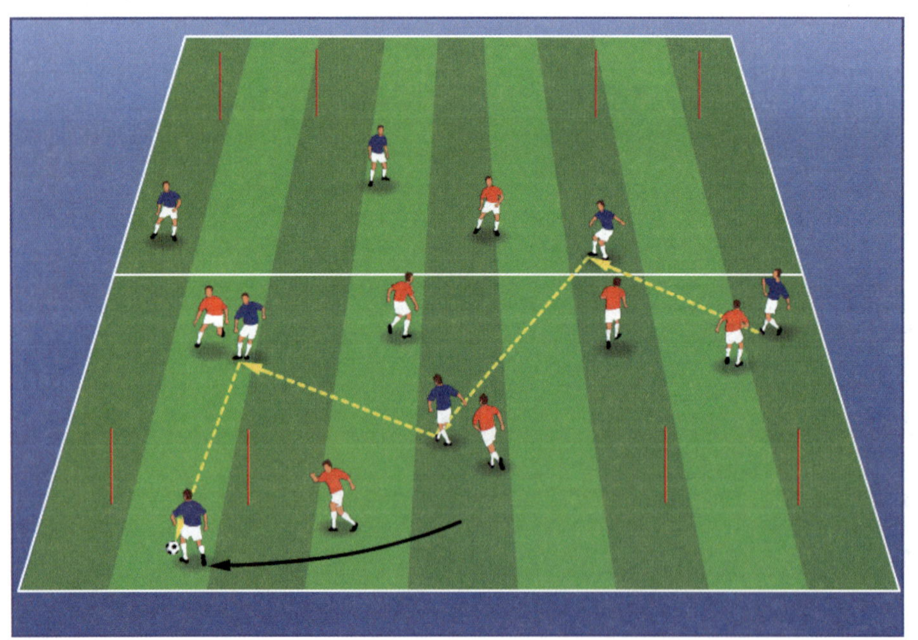

练习简介

1.在30码×30码的场地上进行7对7比赛，场上放置四个球门；

2.一名队员成功在球门后方接到球即得分。

练习变化

限制触球次数。

教学要点

1.球员需在接球前摆脱防守(创造空间)；

2.可通过一脚传球加快比赛节奏。

练习6 自由小场比赛 20分钟

CHAPTER 8

第 8 章　颠球训练单元

训练课 01

首要技术目标： 控球（颠球）

协调性训练目标： 判断球路、快速与协调能力

次要技术目标： 搓传球、射门与接球

战术目标： 创造空当

训练时长： 85–100分钟

为了预防伤病我们建议以综合性运动机能练习来开始训练。

练习1 三人颠球绕训练杆 10分钟

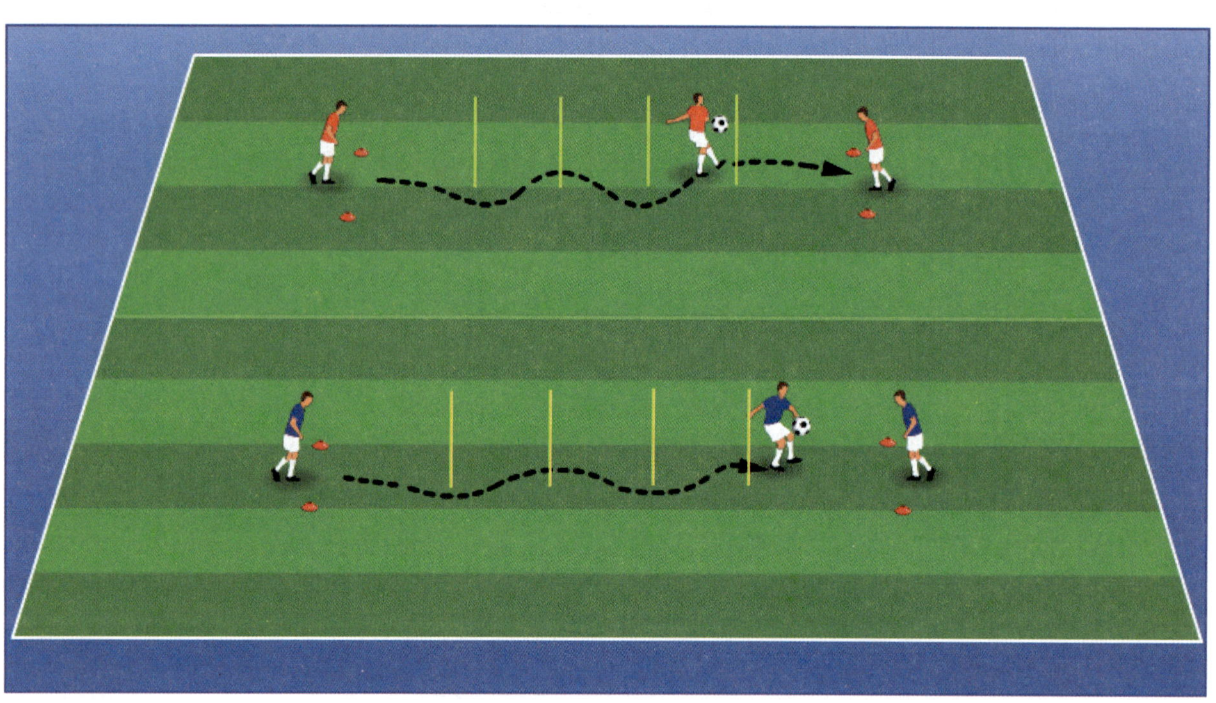

练习简介

球员三三分队，一名队员颠球并保持球不落地过训练杆后到达另一端并交给下一名队员得1分。

练习变化

1.仅用一只脚颠球；

2.用大腿或头部颠球。

教学要点

1.球员应用双脚颠球绕训练杆以更好地控球；

2.柔和地触球以将球控制在脚上。

练习 2　颠球穿过标识后射门　10分钟

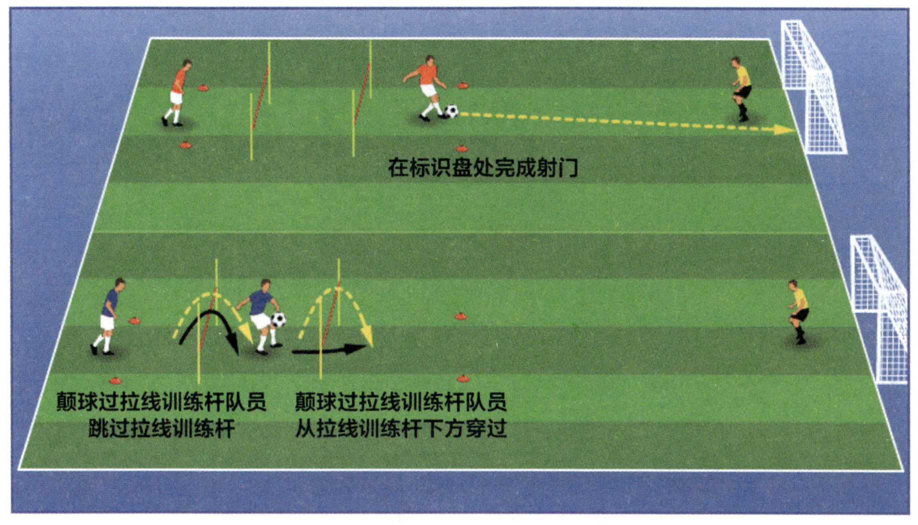

练习简介

1.每队一名队员同时开始，队员需颠球穿过拉线训练杆；

2.在第一个拉线训练杆处，队员颠球过拉线训练杆后自己跳过拉线训练杆；

3.在第二个拉线训练杆处，队员颠球过拉线训练杆后自己从拉线训练杆下方穿过；

4.完成射门后练习结束，率先射门得分的队员为本队得1分。

练习变化

仅用一只脚颠球。

教学要点

踢高球到空中以给自己充足的时间穿过拉线训练杆并保持控球且球不落地。

练习 3　颠球绕训练杆后射门　15-20分钟

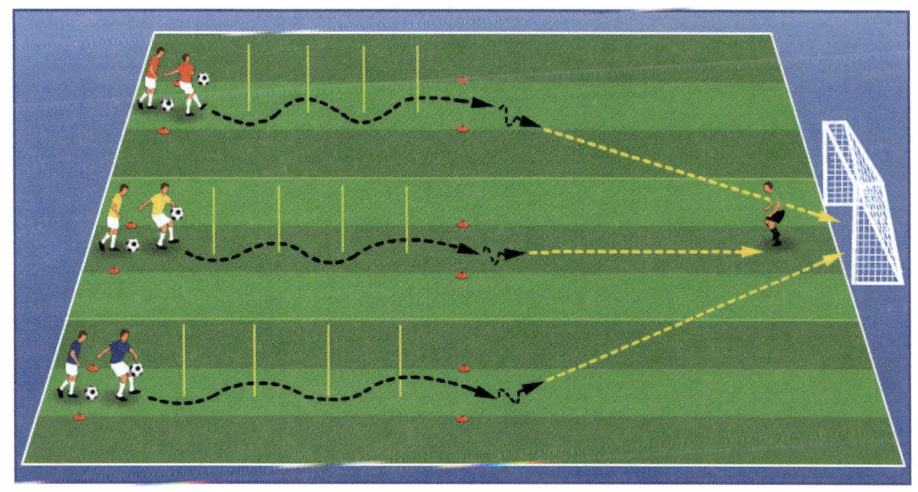

练习简介

1.队员颠球过训练杆时保持球不落地；

2.颠球过标识盘后射门；

3.同时开始的3名队员，最先进球的2名队员为本队得1分。

练习变化

1.仅用一只脚颠球；

2.仅用大腿颠球；

3.凌空抽射或技巧性射门。

练习 4 颠球后射门 20分钟

练习简介

1.矩形区域内的队员必须在颠球5次后射门；
2.在规定时间内进球较多的球队获胜。

练习变化

1.仅用一只脚颠球；
2.仅用大腿颠球；
3.技巧性射门；
4.控球并向前带球与守门员形成1对1局面并射门。

练习 5 5对5颠球小场比赛 25分钟

练习简介

1.进行一场4对4用颠球来组织的比赛再加守门员；
2.没有控球的球队不能抢截另一队的球，但他们可以拦截在空中的球；
3.球一旦落地，球权易主。

练习变化

技巧性射门得分可算2分，或只允许头球得分。

教学要点

1.为保持控球，应确保传球高度适当；
2.球员应充分用双脚所有部位、大腿、胸部与头部来控球。

练习 6 自由小场比赛 20分钟

CHAPTER 9

第 9 章　掷界外球训练单元

训练课 01

首要技术目标：掷界外球

协调性训练目标：快速、运动机能、协调能力与判断球路

次要技术目标：接球、射门与带球跑

战术目标：1对1盯人、拦截射门与4对4

训练时长：85–100分钟

为了预防伤病我们建议以综合性运动机能练习来开始训练。

练习1 精准掷界外球“击中目标” 10分钟

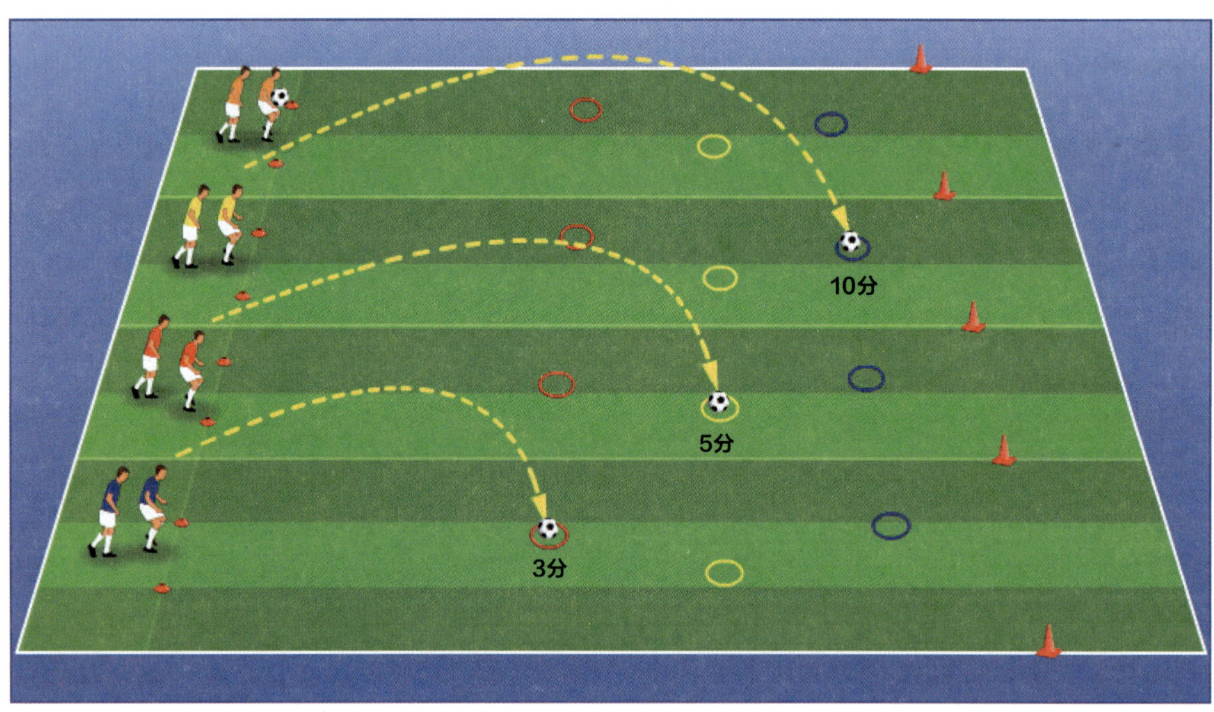

练习简介

1.两队比赛，使用正确的掷界外球技巧击中圆环；

2.根据距离及难度给不同的圆环标注得分。

练习变化

改变掷球方式。

练习 2　速度、灵敏轮转训练与掷界外球　10分钟

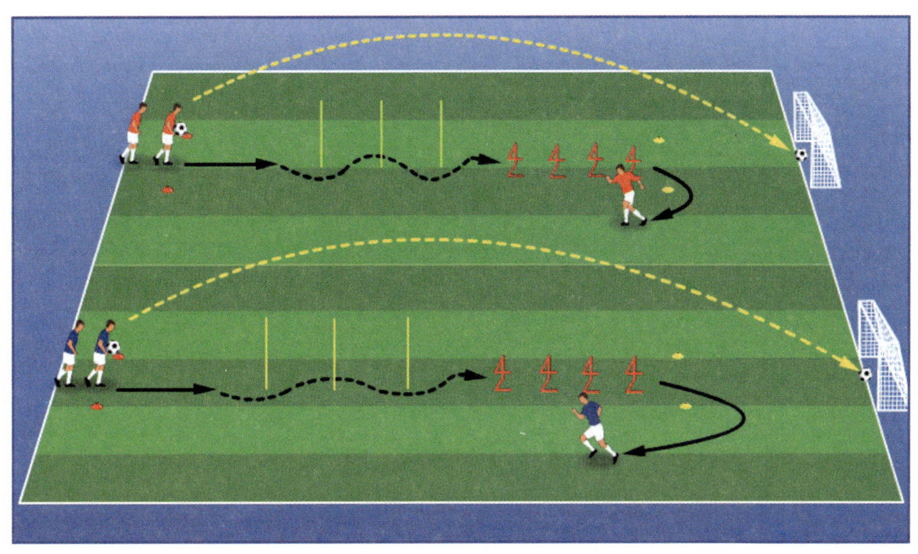

练习简介

1.每名队员持球并尝试将球掷入球门；

2.每次掷球后，队员绕训练杆跑并跳过栏架，然后回到球队末端；

3.一分钟内进球较多的球队获胜。

练习变化

改变掷球方式。

教学要点

1.指导球员使用正确的远距离掷球技巧；

2.球员应用快速侧滑步过训练杆。

练习 3　精准掷界外球"击中空中的球"　15–20分钟

练习简介

1.一队3名队员进行掷球训练；

2.队员A将球掷至空中，队员B与队员C试图用自己抛出的球击中空中的球；

3.队员应使用正确的掷球技巧；

4.击中球时得分。

练习变化

单手掷球或前后脚站立掷球。

练习 4　接界外球与1对1　20分钟

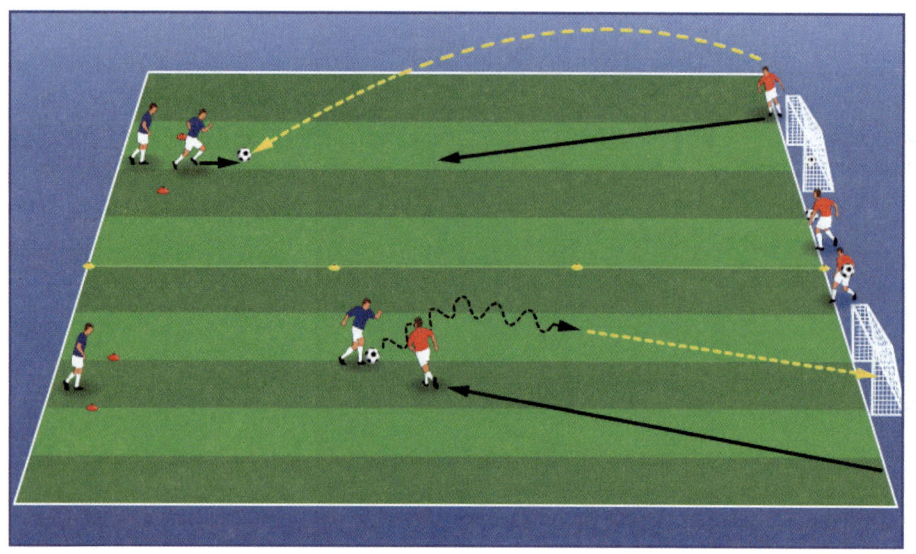

练习简介

1.站在球门旁的队员将球掷向进攻队员，后者接球后形成1对1局面；
2.进攻队员尝试将球射入小球门，而防守队员要尽量阻止射门。

练习变化

单手掷球或前后脚站立掷球。

教学要点

1.指导球员使用正确的远距离掷球技巧；
2.队员在1对1局面中要果敢（可以用护球的方式）。

练习 5　手脚并用小场比赛　25分钟

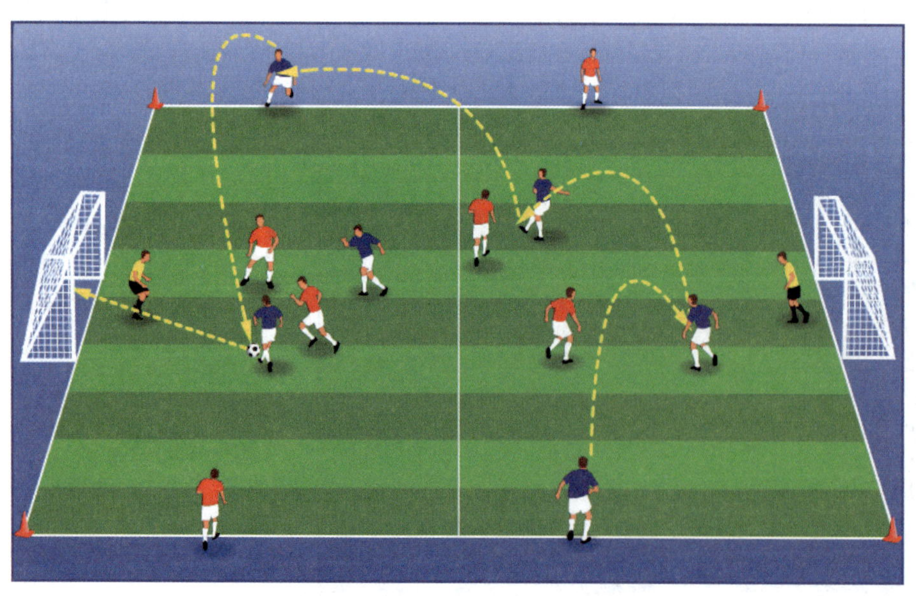

练习简介

1.在20码×20码的场地内进行含有4名场外队员的7对7比赛；
2.场内规则是用手传球后，接下来的传球必须用脚；
3.当球来到场外，场外队员需将球掷回场内。

练习变化

场内队员仅用脚，场外队员用手。

练习 6　自由小场比赛　20分钟

CHAPTER 10

第 10 章　9–12岁球员身体机能活动

9–12岁球员身体机能活动要点

1. 从事青少年运动的教练员与体能训练师有义务知道并了解球员在不同年龄段的身体特征，从而能平衡而有效地制订活动计划帮助球员和谐地发展。

2. 青少年时期运动的主要目标是在教育框架下发展综合的运动机能及普遍的个性塑造，并尊重生理和心理的发展规律。

3.因此需从运动机能的基础开始，稳步和谐地发展身体。

4. 在对9–12岁年龄段球员的研究测试中，我们发现在他们之前所参加的一般运动和入门专业训练之间有所重叠。

5. 对于9–12岁的年龄阶段来说，趣味性活动游戏被较多地使用，因为这符合这一年龄段的需求。

6. 特别是处于这一年龄段的年轻球员，需要花时间来巩固和协调运动机能与协调能力的关系。

7. 通常12岁是“必要性功能”获得的节点。在训练中，比起其他某方面具体的能力，我们需更关注锻炼球员的综合能力，而在晚些时候再逐步增加专项能力的训练。

8. 从身体方面来讲，我们持续关注早期阶段的能力提升。通过比较大的训练量但还没达到最高的级别。

9. 我们不会为了提高无氧耐力和最大力量而进行专项训练，因此要避免使用会增加血液中乳酸堆积的训练，包括负重和肌肉训练等长期体操练习，这点很重要。

10. 我们专注提高的能力是有氧耐力（最好是进行有球训练和比赛）、力量（使用不会超负荷的方法）、速度、快速性、应变性和灵活性的训练以及拉伸训练。

11.快速跑中变向、不同起点的接力跑是我们用来提高快速能力与反应能力的方法。

12.在循环训练中允许有恢复休息时间是很重要的（休息时间要适中），这能保证所有训练都能以适当的强度进行。

协调能力

协调能力使得球员做动作时能尽可能地与个人意识对情况分析后的指令相符。我们同样也能定义协调能力和其过程对动作的组织、控制和调节，这种能力建立在假想、身体内外部的状况（感官）做出动作的可行性基础上。

协调能力对于学习与提高运动机能以及最终达到一个较高的技术层次是必需的。一名运动员的协调能力越好，学习新的或复杂的动作对他来说也就越简单。协调能力十分重要，因为它决定着动作的正确性与良好控制，以及在运动中对能量消耗的管理。

在各个年龄阶段，每种能力都有敏感时期，那也是最好的提升这种能力的时期。这些时间是有限的，当孩子们成熟起来（到达青春期），他们会对训练中的刺激有更强烈的心理及生理反应。但是，在这些敏感时期之外，仍有较大的提升空间。

基础技术技能与相关协调能力

基础技术技能	相关协调能力
传球	平衡一调整、转化与变化
带球跑	节奏一运动组合与方位感
射门	变化一平衡一反应
接球	变化与运动组合
头球	节奏一调整与转化
掷界外球	变化
颠球	平衡一调整、转化与变化

CHAPTER 11

第 11 章 特定运动协调能力训练单元

技术训练所需的协调能力

我们在本书中将学到协调能力以及它的特定练习：

时空感：根据时间和空间的情况调整场上的站位及跑动。

平衡：无论是在静态还是动态下都能保持平衡。

运动机能组合：能将身体各部位、不同动作和各种技巧组合运用的能力。

调整与转化：个体能够根据可感知的不同情况做出反应，并可调整计划和转化执行。

反应：思考并使用相应技巧来快速对外界刺激（视觉、声音、触觉等）做出反应。

变化：依据运动要求恰当地调动身体不同部位肌肉的能力。

节奏：能依据特定时间顺序做出动作姿势的能力。

变化训练课

练习1 不同距离触球

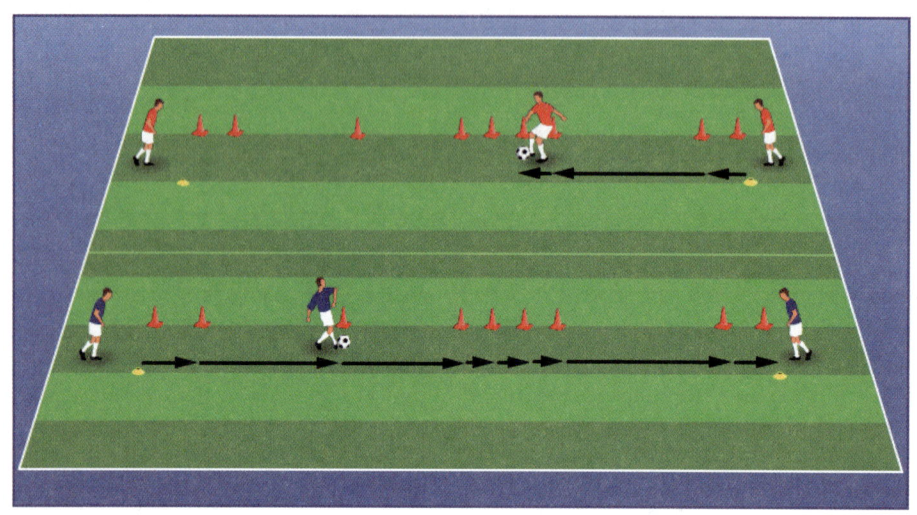

练习简介

1.场上标识桶以不同距离排开；

2.队员需依据标识桶的不同间距，用不同力道让球滚到不同的标识桶旁，跟进并进行下一次尝试。

练习变化

1.改变标识桶之间距离；

2.改变双脚的触球部位。

练习2 规定区域内不同距离传接球

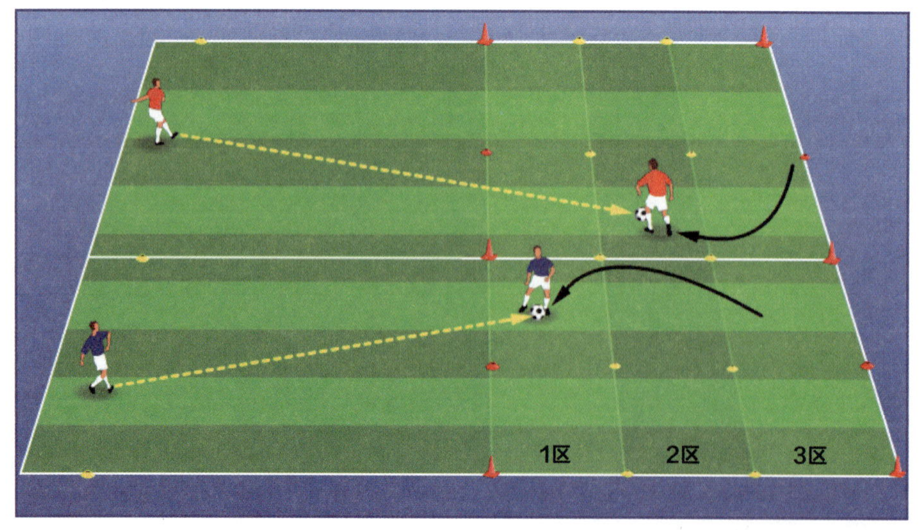

练习简介

1.第一名队员传球给站在其中一个规定区域中的第二名队员；

2.每次传球后，接球队员需换一个区域等待下一次传球；

3.传球队员需根据接球队员的位置用合理的力量传球。

练习变化

1.传低平球；

2.搓传球；

3.用手传球。

练习 3　高球传接

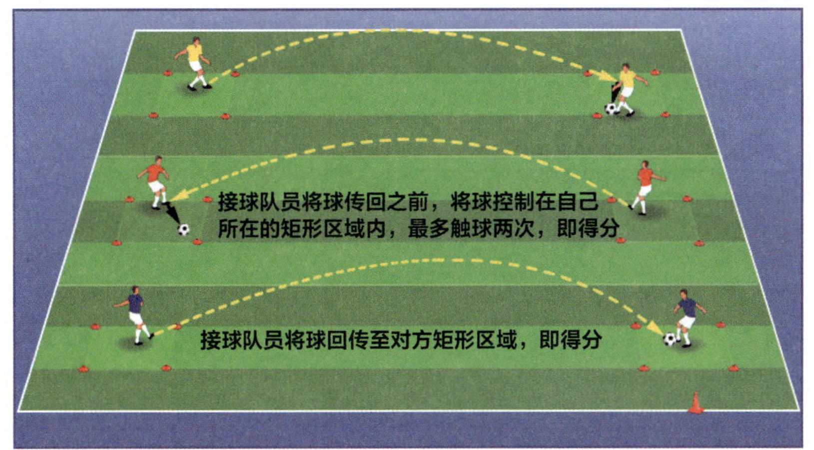

练习简介

1.在各自的矩形区域内，2名队员互相搓传球，接球队员在将球传回之前最多触球两次；

2.若一名队员的传球未进入矩形区域，或者一名队员无法在矩形区域内控球，对手得1分。

练习 4　传球力度与颜色区域

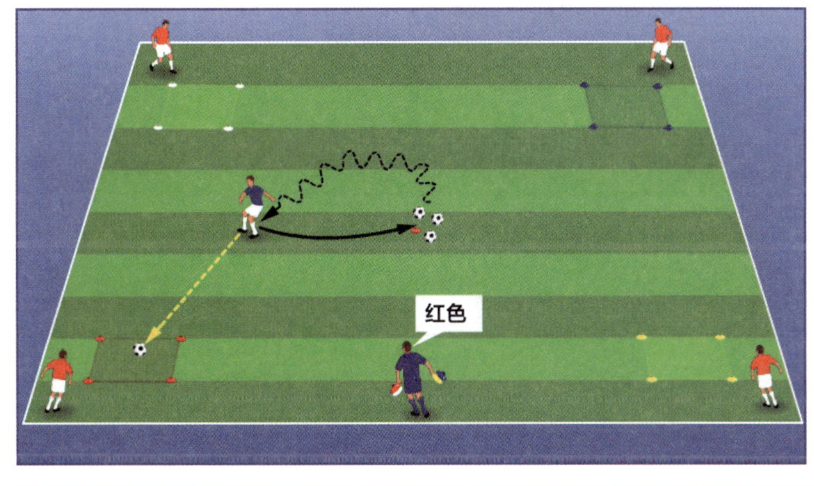

练习简介

1. 队员带球跑，根据教练员指令将球传至对应颜色的矩形区域内，球进入矩形区域并停下，即得1分；

2. 使用不同大小及重量的球；

3. 教练员也可用视觉标识指示相应区域，如举相应颜色的标识盘。

练习 5　视觉意识与精准传球

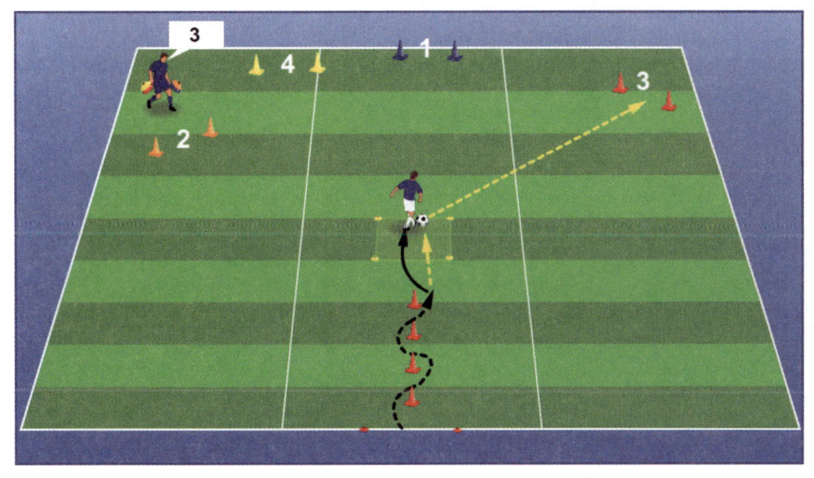

练习简介

1.队员带球绕过标识桶，将球传入矩形区域并跟上将球传入教练员指示的球门中；

2.矩形区域与不同球门之间的距离不同以锻炼球员的传球力量与精度；

3.教练员可以用不同颜色的标识盘以视觉方式指示相应球门。

反应训练课

练习1 灵活性、视野与快速反应

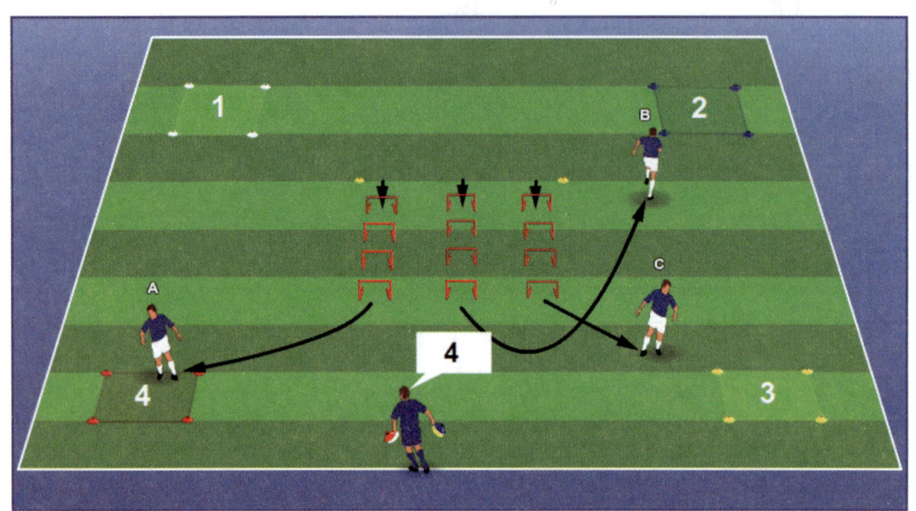

练习简介

1.给每个区域指定一个数字，队员跳过栏架后教练员喊出一个数字，队员A快速跑向那个区域。

2.与此同时，队员B需跑向与队员A成对角方向的矩形区域；队员C可跑入剩下的两个矩形区域的任意一个。

练习变化

1.改变栏架部分：低跳、高跳、前滚翻、背身跑或带球跑；

2.改变后续部分：改变队员编号顺序，使用视觉标识、听觉口令等指示相应矩形区域（如1+2，队员A就跑向区域3），或由队员A决定去哪一个矩形区域。

练习2 变向变速带球

练习简介

1.队员自由带球跑，当蓝队队员带向其中一个矩形区域内停球时，其他队员需快速带球跑向其他矩形区域；

2.矩形区域的数量比队员数少一个，因此每轮过后都会有一名队员输掉比赛。

练习 3　比赛中变向进攻

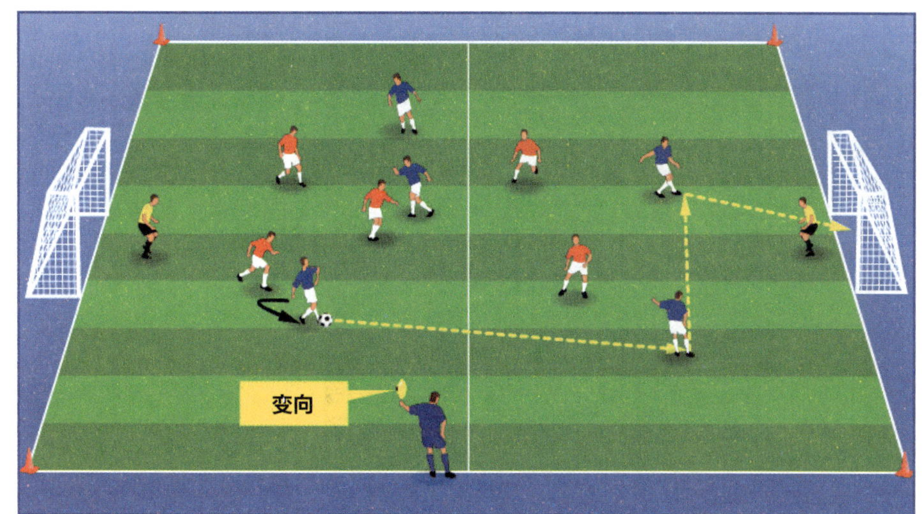

练习简介

1. 进行一场小场比赛；
2. 根据教练员哨声立刻转换进攻方向，攻另一边的球门。

练习变化

用视觉标识指示代替哨声（如举起黄色标识盘）。

练习 4　3对2比赛中利用人数优势

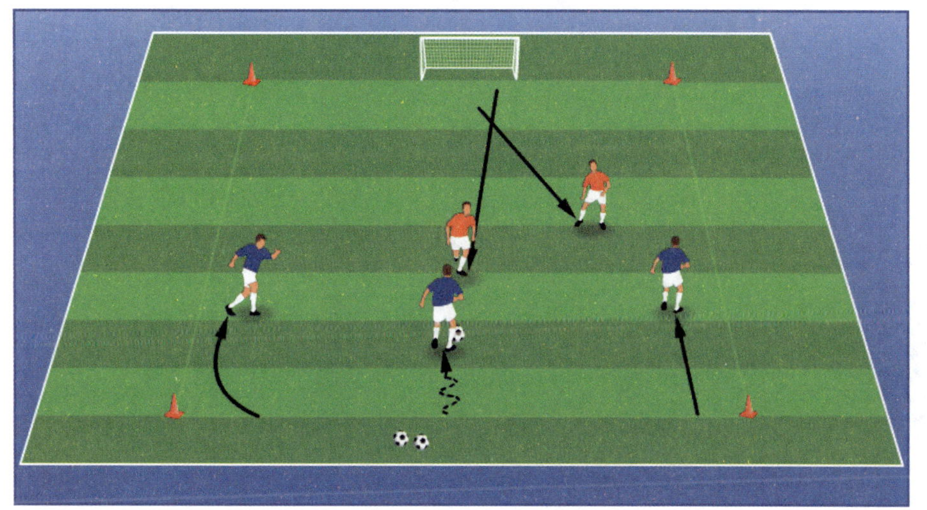

练习简介

1.中间的队员带球向前，前方的防守队员施加站位防守压力（不主动上抢）；

2.与此同时，另一名防守队员阻挡其中一名进攻队员的接球路线；

3.带球队员将球传给未被盯防的队友，后者尝试3对2射门得分。

练习 5 视野意识与连续传球训练

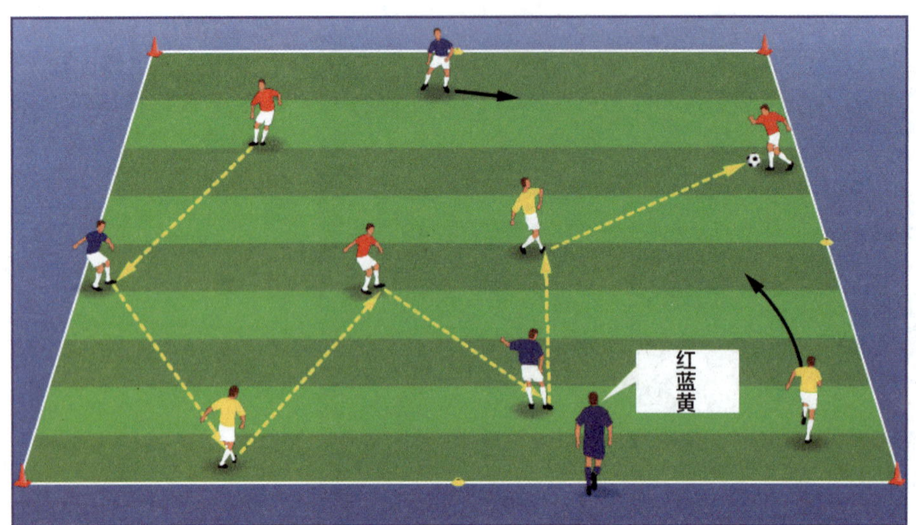

练习简介

1.队员依据教练员安排的颜色顺序依次传球；

2.教练员指示为红、蓝、黄，则队员需按照该顺序依次传球。

练习变化

1.不断改变颜色排序；

2.限制队员最大触球数；

3.要求他们用双脚特定部位传球。

练习 6 6对3控球游戏

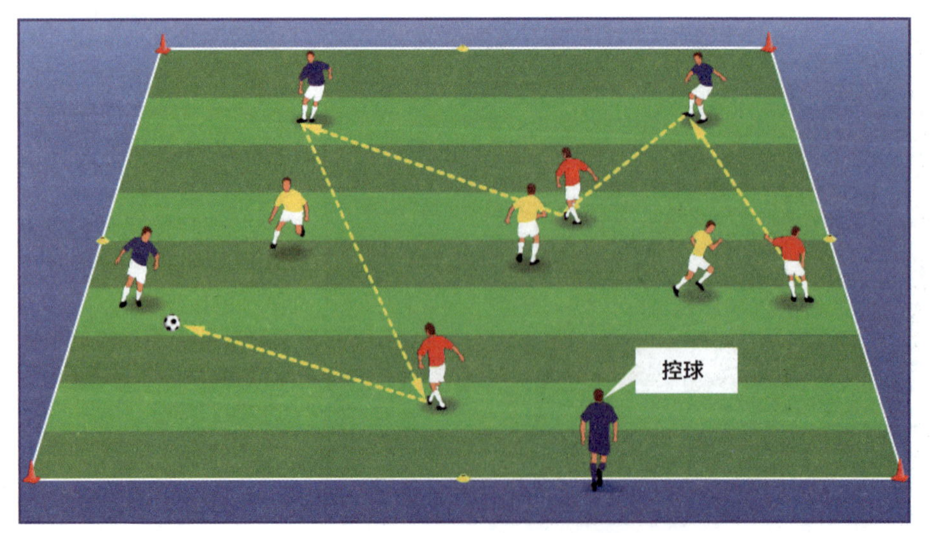

练习简介

1.各队队员之间传球（不能传给本队队员）；

2.根据教练员哨声完成最后一脚传球的球队与当时控球的球队成为一队进行控球，而剩下的另一支球队则防守并试图抢下球。

调整与转化训练课

练习1　带球与固定路线传球

练习简介

1. 球员两两分队，相隔10码站立；
2. 每队2名队员互相传球；
3. 蓝队队员需带球穿过红队队员传球路线，并使用变向与假动作躲避球。

练习变化

改变传球方式。

练习2　矩形区域内创造两种传球选择

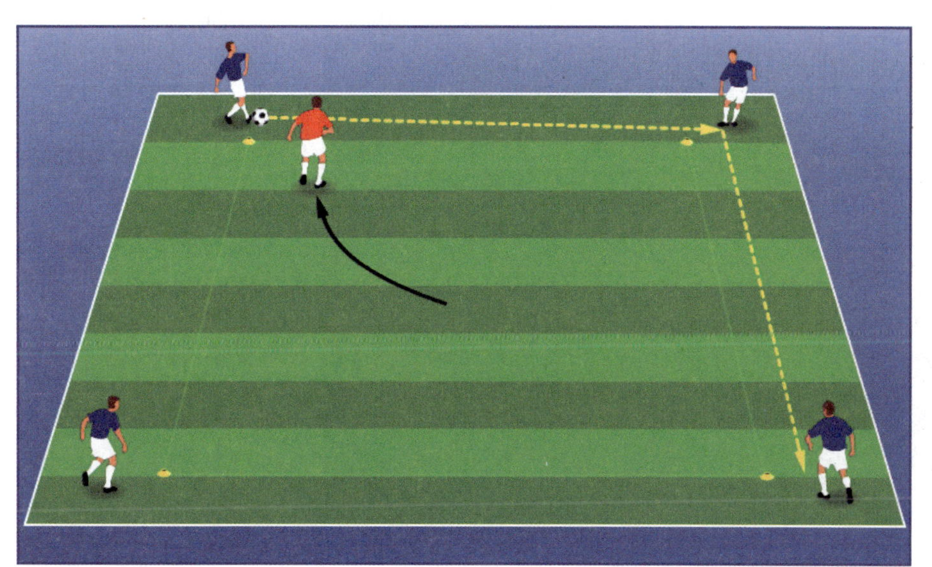

练习简介

1. 蓝队4名队员互相传球，只能两边线传球而不能对角线传球；
2. 红队队员要上前对控球队员施加防守压力；
3. 每2分钟更换一次防守队员。

练习 3　带球与传球过门小场比赛

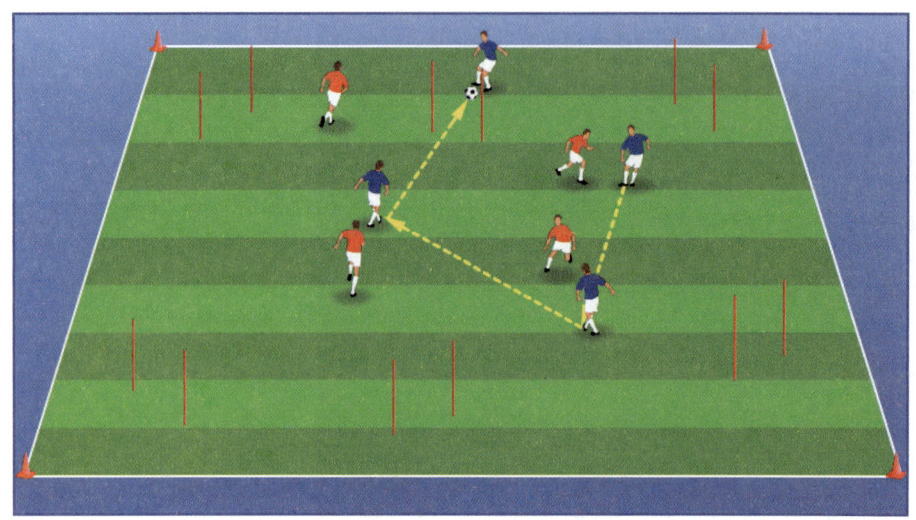

练习简介

1.在场上放置训练杆门，球门数比每队队员数多两个（4对4，六个球门）。

2.进球可以多种方式完成：

(1)带球过门；

(2)在训练杆门另一边接球；

(3)在不同队员间完成3次传递后进球可得1分。

练习 4　四球门、四队比赛

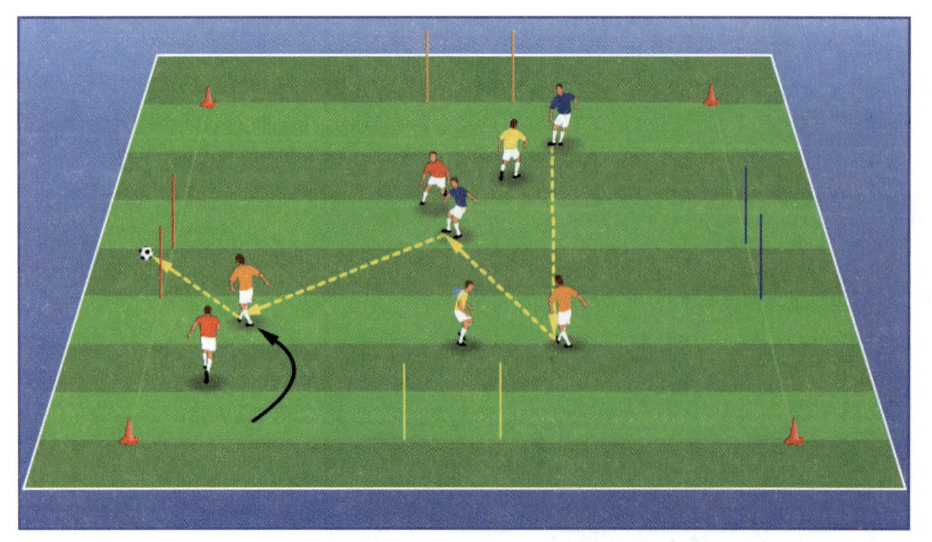

练习简介

1.进行一场四队比赛，每个球门颜色对应一支球队；

2.每两队一组，两组互相对抗；

3.同队队员之间不能互相传球，将球射入对手的球门才算得分；

4.改变球队组合。

练习 5　边路传中与中路1对1

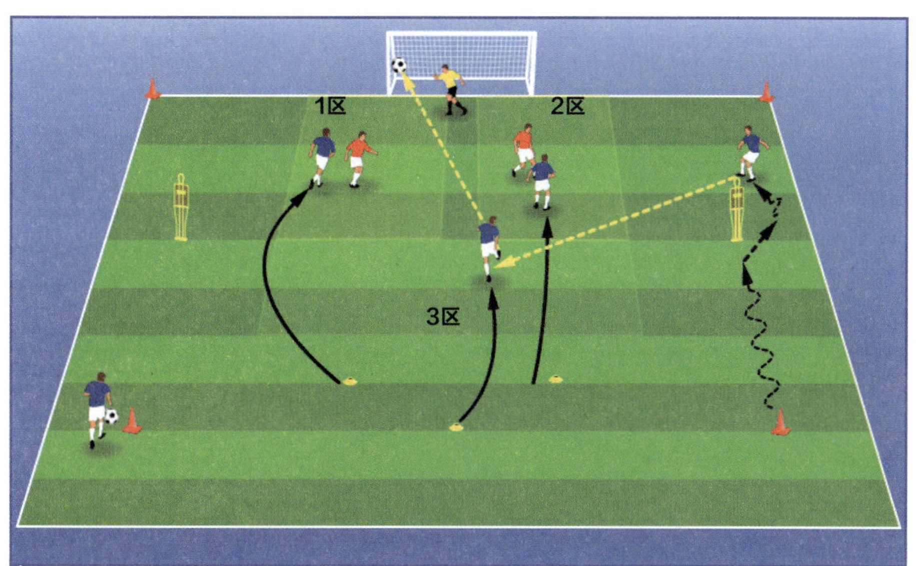

练习简介

1.队员带球跑向球员模型，做假动作绕过球员模型后，传球给中路无人防守的队友；

2.长传至1区、短传至2区、传低平球至3区，两名防守队员对1区和2区的进攻队员进行站位消极防守。

练习 6　带球过标识循环训练

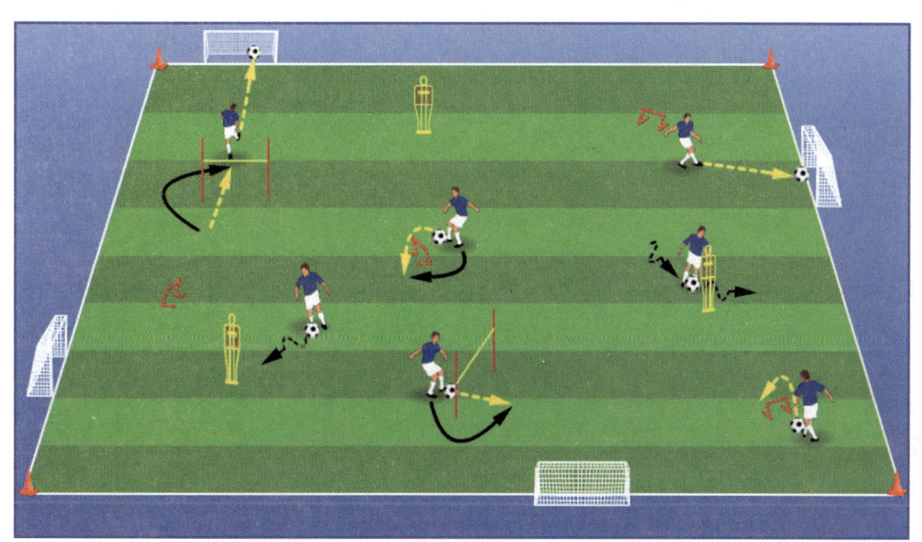

练习简介

1.球员带球跑绕过场上的各种标识。

2.球员需根据不同标识调整控球与带球技巧。

(1)球员模型：做假动作或变向绕过；

(2)栏架：颠球并跳过；

(3)拉线训练杆：下方传球；

(4)球门：球员射门。

时空感训练课

练习1 “创造形状”视野意识训练

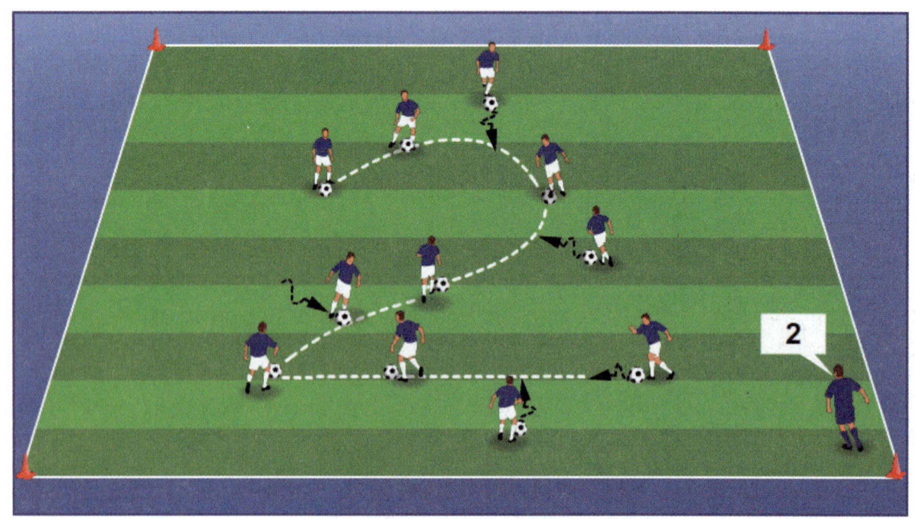

练习简介

1.队员在矩形区域自由带球；

2.教练员喊出一个数字后，队员带球组成该数字的几何图形；

3.如图所示，队员根据教练员指示组成数字“2”。

练习2 队员间传球

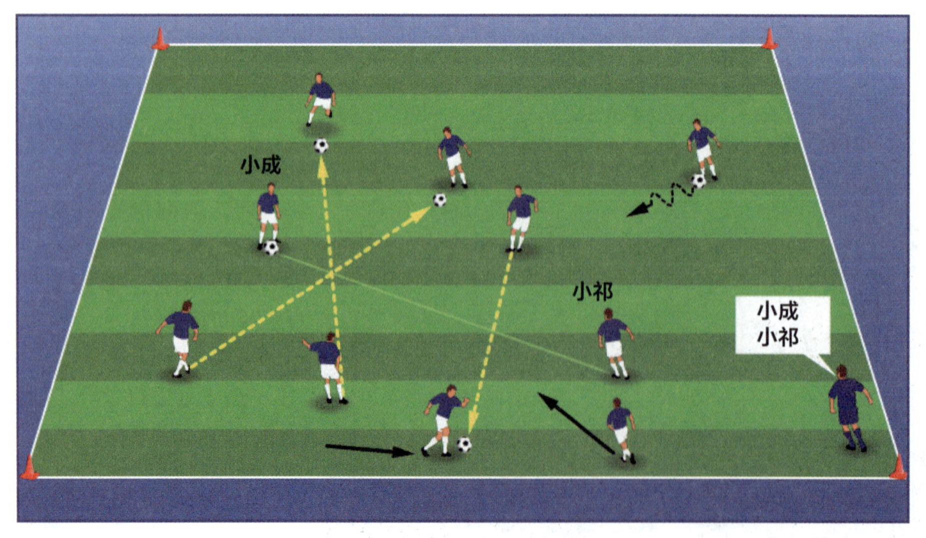

练习简介

1.队员自由带球；

2.等待教练员叫出两名队员名字，被叫到名字的队员静止站立；

3.其余队员必须在指定的两名队员组成的传球路线的两侧进行传球。

练习变化

教练员叫出更多队员的名字，其余队员可随意站在指定队员组成的区域里面或外面进行传球。

练习3 “踢倒标识桶”小场比赛

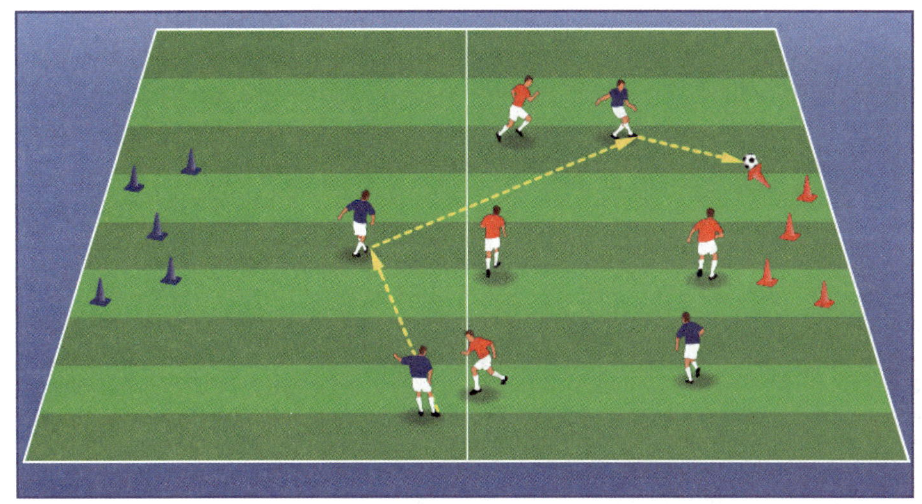

练习简介

1.进行一场两队间的比赛，队员需踢球击倒标识桶以得分；

2.每次一个标识桶被击倒，队员便将其移出场地；

3.红蓝两队各瞄准对方的标识桶。

练习4 5对4控球游戏

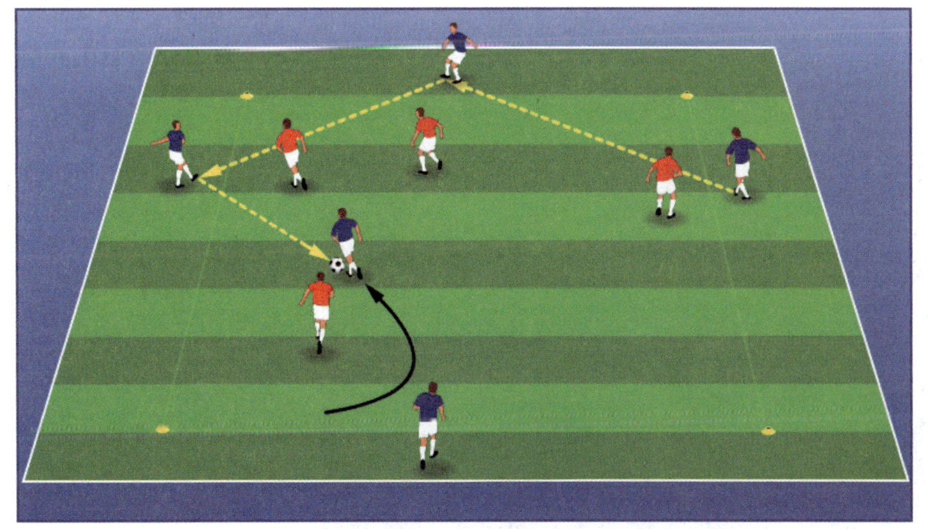

练习简介

1.蓝队队员除一名队员在场内而外，其他队员都站在场外；

2.场外的蓝队队员控球并尝试将球传给场内的队友，场外队员可互相传球；

3.只有成功将球传给场内队友才得1分。

练习 5　四球门控球游戏

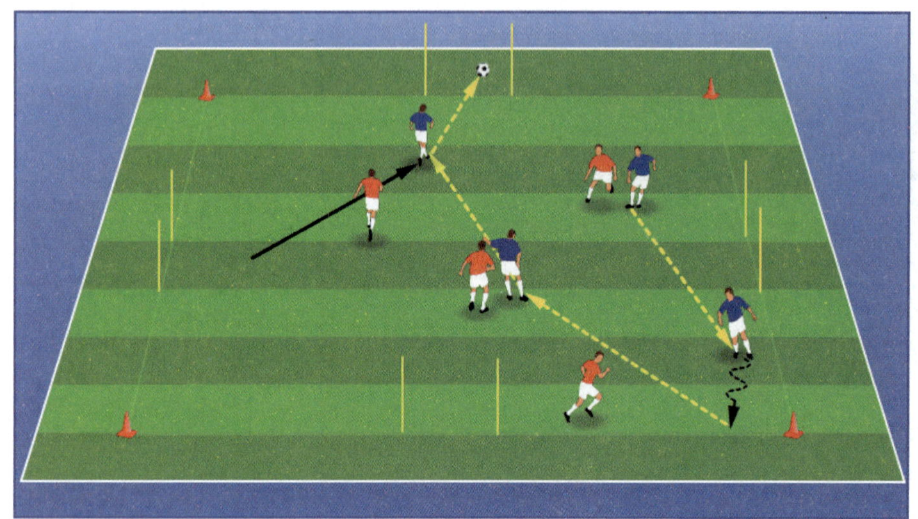

练习简介

1.进行一场有四个球门的比赛；

2.完成规定次数的传球得1分；

3.将球带至球场一角得2分；

4.将球射入任意一个球门得3分。

练习 6　快速反应头球与传球

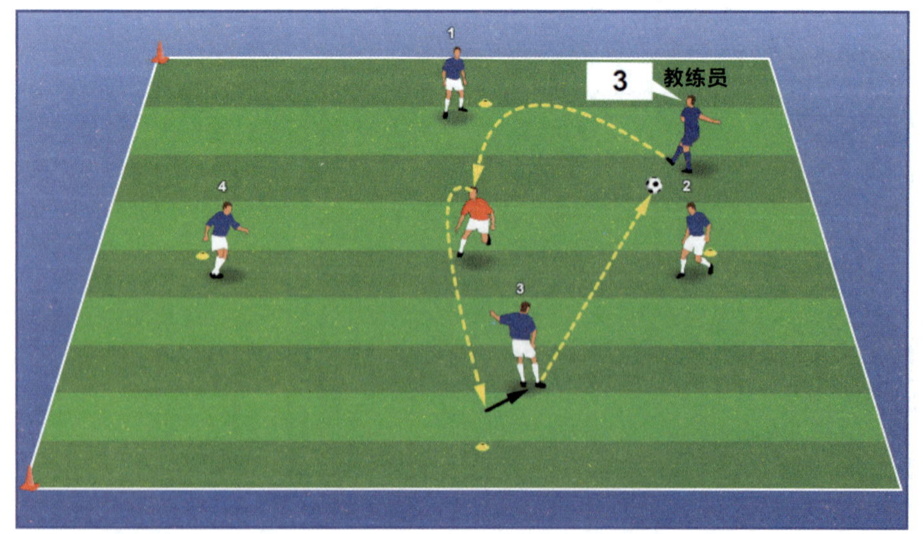

练习简介

1.队员组成钻石形状的队型，每名队员被分配一个数字；

2.站在中间的队员（红队队员）在教练员搓传球后，头球摆渡给教练员所喊出数字的队员；

3.蓝队队员接控球后回传给教练员；

4.每两分钟更换一次中间的队员。

练习变化

教练员可以改变队员的位置。

节奏训练课

练习1　三区域小场比赛中的节奏变化训练

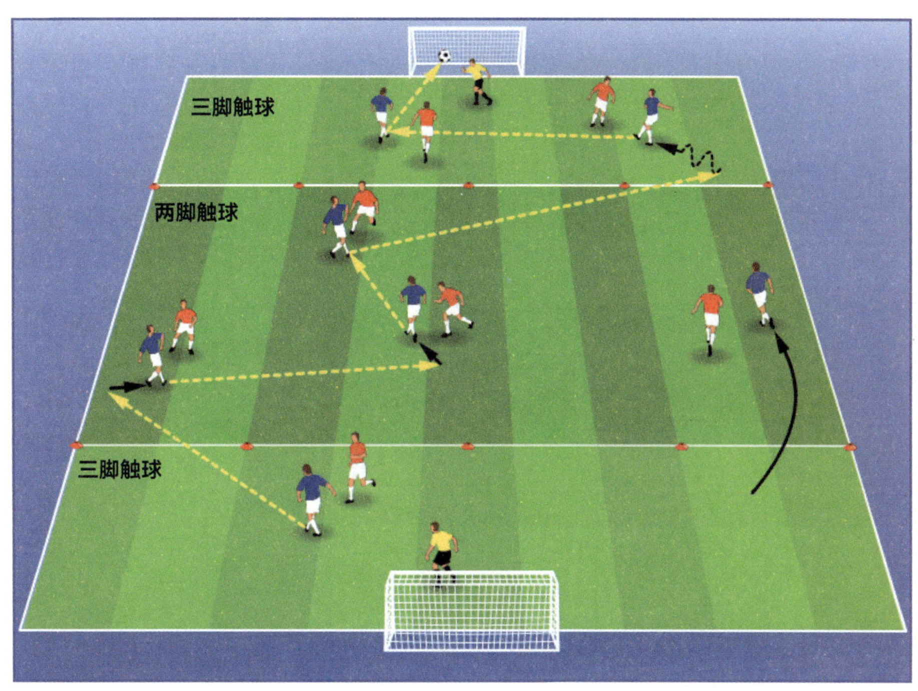

练习简介

1.进行一场分为三个区域的比赛，练习重点为节奏变化；

2.在两端的球门区，每名队员可触球3次，但进入中场区后，队员只能触球一次或两次。

练习2　带球绕过标识桶

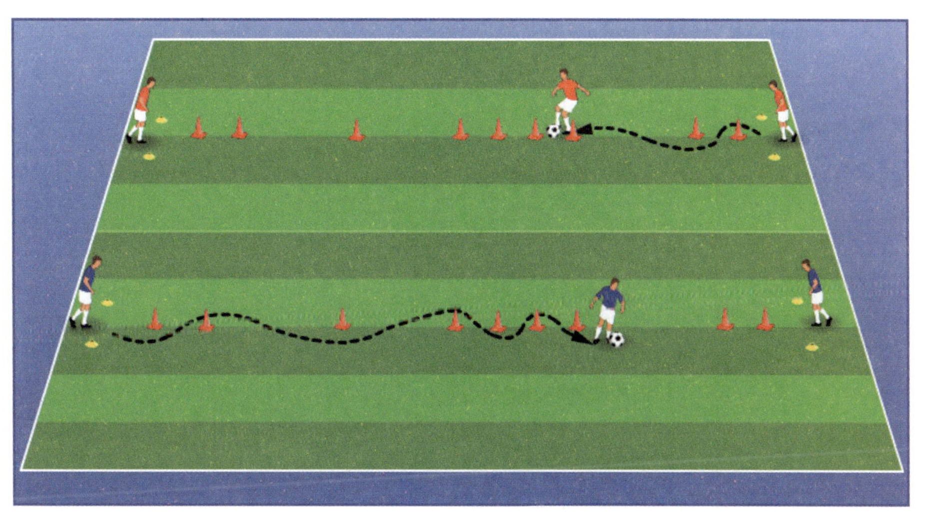

练习简介

1.在场地内进行带球跑和绕过标识桶的节奏变化练习；

2.标识桶间的距离不等，因此触球力量也应有所调整。

练习 3 “听哨声触球”并控球

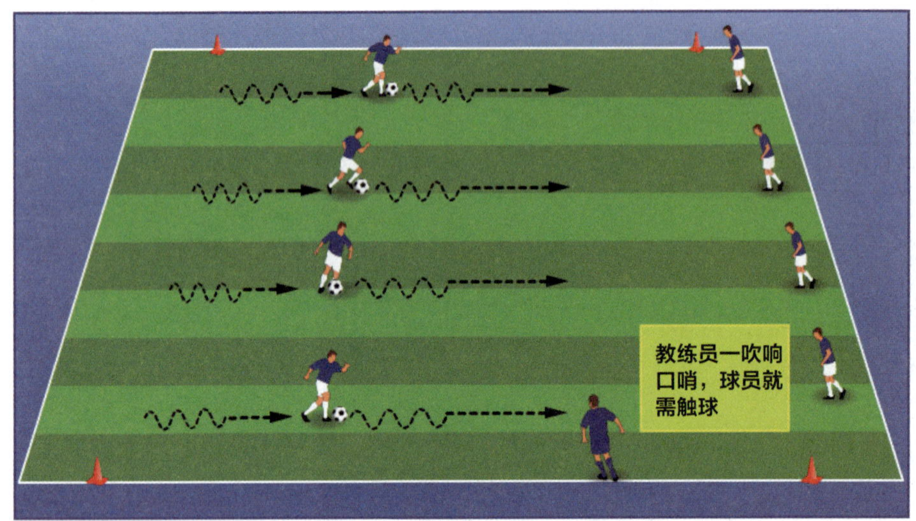

练习简介

1.球员带球跑，每次教练员吹响口哨，球员就需触球；

2.球员根据教练员指示停下，快速触球并重新开始带球，这需要持续改变带球节奏。

练习变化

1.改变带球方式；

2.用颠球代替带球。

运动机能组合训练课

练习1 控球、传球、跳跃与接球

练习简介

1.蓝队队员带球绕过标识桶后传球给红队队员；

2.同时红队队员跳过平放地上的训练杆后向前跑位接球；

3.每次传球后，队员交换位置。

练习2 颠球与传接球

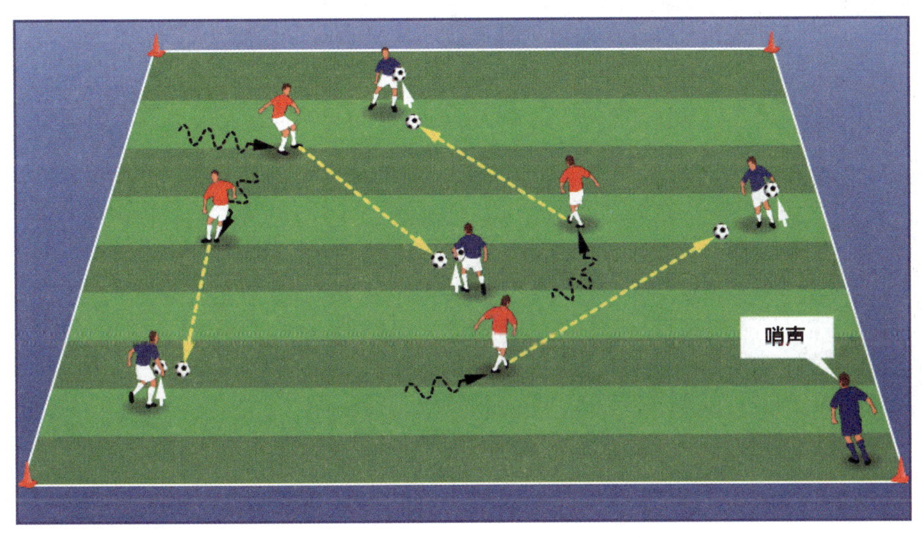

练习简介

1.红队队员带球，蓝队队员颠球；

2.根据教练员哨声指示，蓝队队员用手拿球，同时用脚接红队队员的传球；

3.队员需要有观察空位队员的意识，从而提高比赛的应变能力。

练习3 控球与精准射门

练习简介

球员带球绕过标识桶后在矩形区域内依据教练员指示将球射入指定球门区域：左侧、右侧、中间。

练习变化

1.仅用脚内侧或脚外侧带球；
2.仅用一只脚带球；
3.改变射门区域：左下角、左上角、右下角、右上角。

练习4 传球技术与三角形站位传接球

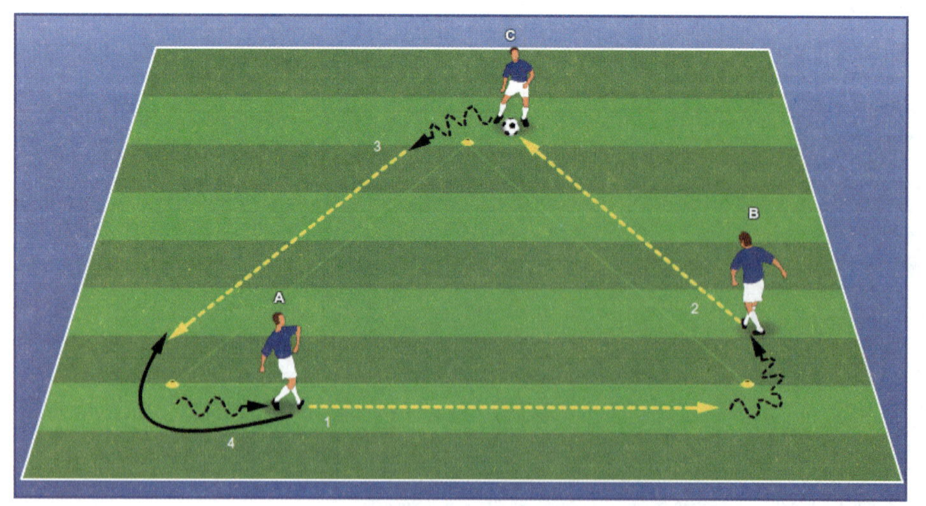

练习简介

1.三角形传球的3名球员；
2.队员A传球给队员B，后者展开身体接球并绕过标识盘传球给队员C，后者进行同样练习；
3.最终，球传回到队员A脚下，开始新一轮练习。

练习变化

1.改变传球脚的部位；
2.改变球员接球与带球方式；
3.将三角形改为其他几何形状。

练习 5　两两分组控球

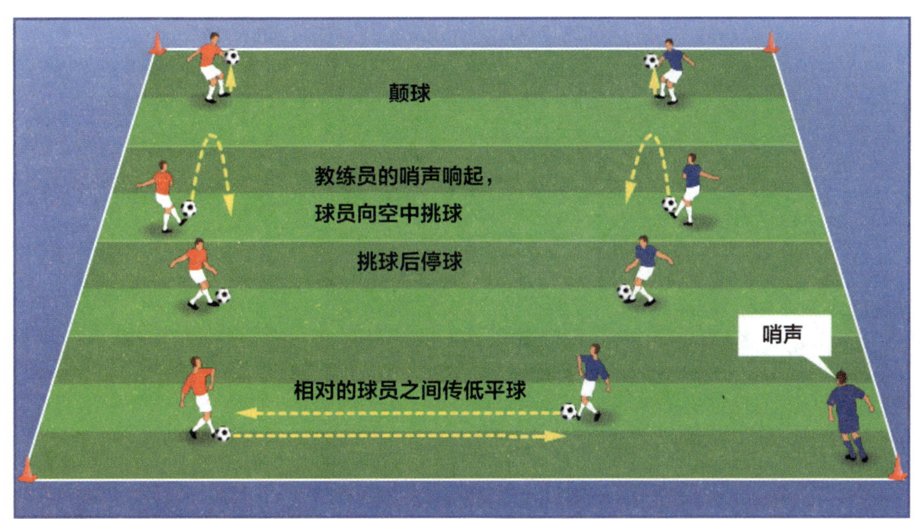

练习简介

1.两两分组，球员各持一球进行颠球练习，等待教练员的哨声指令；
2.随哨声响起，球员将球挑起后停球，然后相互传低平球。

练习变化

改变传接球方式。

练习 6　搓传球、接球与射门比赛

练习简介

1.练习接球、带球与射门；
2.底线队员搓球传入矩形区域；
3.矩形区域内的队员接球，向前带球跑至标识桶处并射门。

练习变化

1.改变传球所用脚的部位；
2.改变球员接球与带球方式。

平衡训练课

练习1 带球变向与接球接力比赛

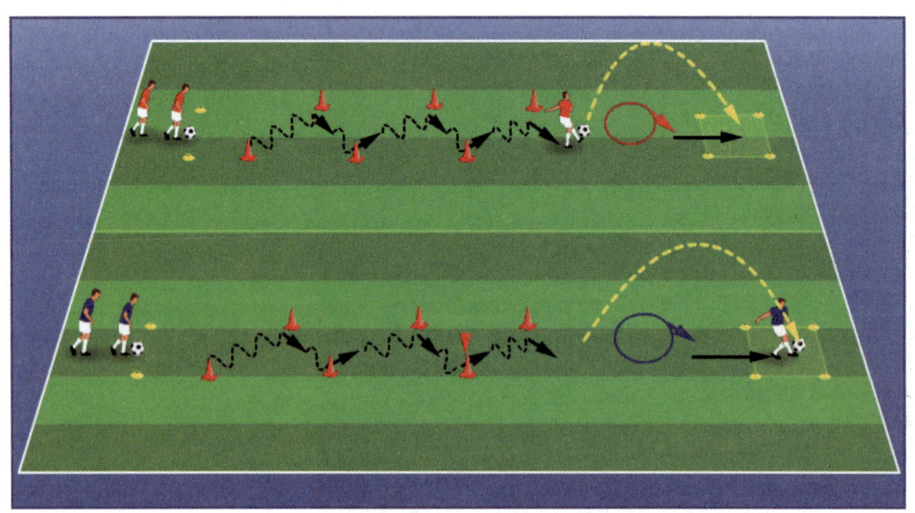

练习简介

1.队员带球快速跑并在标识桶间快速变向；

2.队员起高球，做一个前滚翻，在矩形区域内控球；

3.下一名队员进行相同练习，之前那名队员回到球队末端。

练习2 传中与射门：鱼跃冲顶与凌空抽射

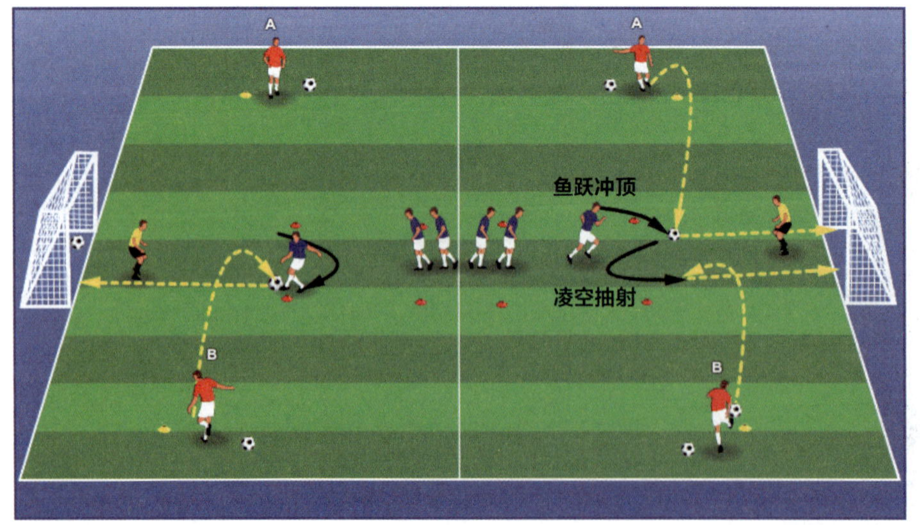

练习简介

1.队员排队，依次面对守门员射门，在球场两侧有两名队员（队员A和队员B）传中给中路队员；

2.当队员A横传时，蓝队队员鱼跃冲顶；

3.当队员B横传时，蓝队队员快速起身，凌空抽射传中球。

练习变化

技巧性凌空抽射（如倒钩）。